MANUEL

DE LA

CUISINIÈRE PROVENÇALE,

CONTENANT

La préparation et la conservation des aliments
particuliers à la Provence;

SUIVI DE LA

CUISINE BOURGEOISE,

De l'office et de quelques indications pour le choix et la conservation
des vins de table.

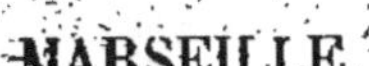

MARSEILLE.

IMPRIMERIE ET LIBRAIRIE DE P. CHAUFFARD,
Boulevard du Musée, 21, et place Noailles, 24.

1858.

MANUEL

DE LA

CUISINIERE PROVENÇALE.

MANUEL

DE LA

CUISINIÈRE PROVENÇALE,

CONTENANT

la préparation et la conservation des aliments
particuliers à la Provence ;

Suivi de la

CUISINE BOURGEOISE,

de l'Office et de quelques indications pour le choix et
la conservation des vins de table.

MARSEILLE,

IMPRIMERIE ET LIBRAIRIE DE P. CHAUFFARD,
Place Noailles, n° 24.

1858.

AVANT-PROPOS.

Les voyageurs ont remarqué que partout où il se trouve sur le globe un coin de terrain habité ou habitable, on est sûr de rencontrer un Provençal. Si les Provençaux ne prennent pas partout, comme les Gascons, ils s'implantent et se trouvent bien partout. Mais il est une particularité qui les distingue éminemment, c'est leur aptitude à la cuisine, et ce penchant à la science de la gueule, comme disait Montaigne, est chose toute naturelle. Nos savoureux légumes, nos fruits succulents, nos huiles si douces, les poissons de nos mers, les vins de nos côteaux, tant de sucs et tant d'arômes, dont les uns sont des mets exquis, les autres de précieux condiments, voilà les éléments que le Provençal a trouvés sous sa main, et qu'il a employés à former les éléments de la science dont il est le profès.

Paris en sait quelque chose : la renommée des frères Provençaux, du Palais Royal, dure depuis près d'un siècle, et bien que ceux qui l'ont fondée n'existent plus, bien qu'ils aient eu divers successeurs, la fumée de leurs casseroles semble planer encore dans la galerie de la rotonde, et les gastronomes aiment à garder leur souvenir, comme ils aiment à conserver le parfum d'un mets qui flatta leur palais. A dix pas du Palais-Royal, est un autre Provençal, le Marseillais Abeilard qui a pris pour enseigne le *Bœuf à la mode*. C'est le restaurateur de l'aristocratie bourgeoise.

Il a manqué quelque chose à la gloire et aux succès de l'illustre Carême, de cet homme qui donna des indigestions à des ambassadeurs, à des potentats, ramena peut-être la concorde au milieu de plus d'un congrès, et, comme César, laissa après sa mort de précieux commentaires, de vastes enseignements sur la science dont il montra les merveilles à tous les peuples civilisés. Carême n'était pas Provençal, et n'a pas dit un mot de ces sauces à la provençale, de ces préparations délicieuses qui font au loin la réputation culinaire de nos compatriotes. Est-ce oubli? est-ce indifférence de sa part? Le dernier cas n'est pas probable, et serait injurieux pour Carême.

Sans rechercher la cause de cette fâcheuse lacune, consultons plutôt notre zèle que nos forces, et essayons de la réparer. Traçons des préceptes que nos fem-

mes de ménage mettent en pratique souvent mieux que les cuisiniers de profession, parce qu'elles sont cuisinières comme
on est poète, par inspiration : ces préceptes n'en ont pas moins des règles fixes et
invariables, dont il n'est pas permis de s'é-
carter sans commettre un délit ou tout au
moins une contravention gastronomique.
Nous allons les indiquer.

Mais nous ne sommes pas exclusifs, et
nous savons que si la tolérance était ban-
nie de l'univers, elle devrait trouver asile
à table, comme jadis les grands coupables
au pied des autels. On ne peut pas toujours manger l'aïllolli, le bouillabaisse ou
la branlade. Si la cuisine se fait fort bien
en Provence, on peut ailleurs ne pas la
faire trop mal, et confectionner des plats
que nous serions bien sots de dédaigner.

Notre opuscule sera donc divisé en
deux parties : l'une comprendra ce qui
appartient à peu près exclusivement à la

Provence ; l'autre donnera la recette de préparations culinaires qui se font partout ailleurs, et qui, assez simples pour être à la portée de toutes nos ménagères, exigent des détails qu'elles peuvent ignorer.

Nous y avons joint les recettes les plus usitées de l'office, et la méthode pour choisir, bonifier et conserver les vins en cave.

OBSERVATION IMPORTANTE.

Bien que dans la deuxième partie de cet ouvrage, qui traite de la cuisine bourgeoise, nous ayons dû nous conformer aux habitudes les plus généralement suivies, qui sont de se servir de beurre dans les différentes combinaisons d'aliments, nous ferons observer à nos lecteurs, que dans la cuisine provençale, le beurre n'étant pas en usage, on devra le remplacer par de la graisse blanche ou par de l'huile douce, dont la quantité devra être proportionnée à la quantité de beurre que l'on aura trouvé indiqué dans la recette.

SOMMAIRE

De la Cuisine Provençale.

MANUEL
DE LA CUISINIÈRE
Provençale.

<hr>

<hr>

Ailloli.

> La rose est le parfum des belles,
> L'ail est le parfum des guerriers,

Disait l'honorable M. de Marcellus, député de Toulouse, dans une ode qui a eu une réputation européenne: Il faudrait en conclure que les Provençaux sont les premiers guerriers du monde, car ce sont les plus grands consommateurs d'ail que l'on connaisse. C'est en Provence que l'on connaît exclusivement cette espèce de moutarde indigène, décorée du nom significatif d'ailloli, et qu'on appelle quelquefois aussi, beurre de Provence, pommade à l'ail. Les gens du Nord, les Parisiens surtout, en font fi tant qu'ils ne la connaissent pas, mais faites-la leur goûter, et s'ils ne se fixent pas en Provence, ils y reviendront souvent, alléchés par ce fumet.

Pour justifier cette assertion, les illustres exemples ne nous manqueraient pas. Nous

n'en citerons qu'un seul : Quelques années
avant la révolution de 89, Louis XVIII, alors
comte de Provence, vint visiter la contrée
dont il portait le nom. C'était encore le bon
temps pour les princes légitimes. Partout il fut
reçu et fêté avec des démonstrations de joie et
de fidélité qui ne permettaient pas au futur roi
de France de présager les tribulations que lui
gardait la fortune avant de le placer sur le
trône. La corporation des pêcheurs demanda
et obtint la faveur de lui donner un banquet
précédé d'une pêche à laquelle le noble convive
voulut bien participer. Du premier coup qu'il
jeta la ligne dont on l'avait armé, il la sentit
baisser, eut quelque peine à la retirer, et pêcha
un très-joli poisson en or, qu'un plongeur avait
attaché à l'hameçon.

Au banquet, on lui servit pour premiers
plats la bourride et l'ailloli traditionnels. Il les
trouva tellement de son goût, y revint si souvent et si copieusement, qu'à peine put-il toucher à ce qui suivit, et pourtant il jouissait
dès lors de ce vigoureux appétit qui ne lui a
jamais manqué, et l'a peut-être consolé quelquefois des déceptions de la politique. Ayant
demandé comment s'appelait cette sauce, on
lui dit que c'était du beurre de Provence. Il
est excellent, dit-il, mais l'animal qui donne le

lait dont on retire ce beurre-là ne doit pas avoir des mœurs très-douces. Il garda un long et agréable souvenir du banquet des pêcheurs, de l'ailloli et de la bourride. Il en parlait quelquefois à Hartwel, mais avec ses intimes seulement, et connaissait trop bien les convenances pour jamais prononcer le mot d'ail devant un Anglais.

On attend, sans doute, la recette de l'ailloli. Il en est deux, l'une infaillible, mais qui ne produit pas des résultats irréprochables; l'autre entièrement indigène, mais plus difficile, et dont la pratique exige une disposition particulière. Nul ne peut la mettre en pratique

S'il n'a reçu du ciel l'influence secrète.

Elle est simple. La voici : pilez dans le mortier quelques gousses d'ail, proportionnées au nombre des convives, deux par personne, tout au plus; réduisez-les en pâte très-fine, et versez ensuite l'huile goutte à goutte ou par filets imperceptibles, en tournant avec le pilon et toujours dans le même sens. Quand la pommade aura commencé à prendre, vous pourrez y ajouter quelques gouttes d'eau tiède, et de rigueur vous y presserez le jus d'une moitié de citron qui la consolidera. Vous continuerez ensuite à verser l'huile toujours très-lentement, et tournant dans le même sens.

Peut-être au moment même où, vous applaudissant de votre succès, vous serez prêt à servir l'ailloli, vous le verrez tout-à-coup se fondre et ne présenter qu'une huile liquide. Alors il ne vous reste qu'une ressource. Vous le verserez dans une assiette, vous pilerez encore dans le mortier, longtemps et avec soin quelques gousses d'ail, vous y joindrez, quand elles seront réduites en pommade, un jaune d'œuf, vous tournerez ce mélange avec le pilon, et avec une cuiller, vous verserez lentement votre ailloli manqué ; vous le verrez prendre insensiblement la consistance d'une crême épaisse, et vous n'avez plus à craindre de le voir fondre. Le jaune d'œuf est pour la solidité de cette pommade un garant qui n'a jamais été en défaut.

Si vous n'êtes pas sûr de vous-même, si, après avoir essayé l'ailloli d'après le procédé qui vient d'être indiqué, vous ne l'avez jamais réussi, et qu'il vous ait fallu recourir à la méthode indiquée pour le ramener à bien, commencez toujours par là.

Dans ce cas, après avoir pilé vos gousses d'ail, vous y ajouterez un morceau de mie de pain de la grosseur d'une noix ou un peu plus, que vous aurez laissé tremper dans l'eau. Vous l'amalgamerez avec l'ail, puis, après avoir tourné quelques instants, vous y mélangerez un jaune d'œuf, et vous ferez du tout une pâte homogène, sur laquelle vous n'aurez qu'à verser l'huile toujours par petits filets, tandis que vous tournerez lentement le mélange avec le pilon. Cette méthode est infaillible, et vous pouvez, par son emploi, accroître indéfiniment la quantité de votre beurre de Provence, ayant eu soin, bien entendu, d'y mettre pour base un nombre de gousses d'ail proportionné à cette quantité.

Nous avons débuté par cette pommade, ce beurre, ou ce condiment, comme on voudra l'appeler, non seulement parce que c'est la base de quelques plats ; mais parce qu'un opuscule consacré à la cuisine provençale devait nécessairement s'ouvrir par l'ailloli.

Le Bouillabaisse.

Il est deux manières de le faire qui diffèrent selon la qualité du poisson. L'une et l'autre peuvent également et à la rigueur, être employées pour toute espèce de poisson ; mais il est préférable de suivre strictement ce que l'expérience a prouvé être le meilleur. Le voici :

Première manière.

En règle générale, plus on met dans le

bouillabaisse de qualités différentes de poissons, plus il est excellent; mais il est des espèces qui, non seulement doivent être préférées,
mais qui sont, pour ainsi dire, de rigueur. Ce
sont : le merlan, le saint-pierre, le baudreuil[2],
la galinette, en français, le grondin et la ras-
casse. Le maquereau, la sardine, les poissons
gras doivent en être exclus, sauf le cas dont nous
parlerons plus bas, et où ils ne servent que de
préparations.

Lorsque vous n'avez à mettre dans le bouillabaisse que du merlan, du saint-pierre et
quelques petits poissons, qui ne servent que
d'accessoires pour donner du goût à la sauce,
et qui sont ordinairement la part des chats,
car les convives n'y touchent guère, mettez
dans un poêlon un oignon coupé en cinq ou six
morceaux, de l'ail et du persil, hachés aussi
menu que possible, un morceau d'écorce d'o-
range, du sel, du poivre, de l'épice, pas trop,
du saffran, qu'il ne faut pas épargner, un très-
petit verre d'eau par nombre de convives, de
l'huile, qu'il faut mesurer comme le saffran,
c'est-à-dire avec abandon. Quand cette préparation est faite, ajoutez-y le poisson, que vous
aurez coupé par quartiers ; remuez ce mélange,
et mettez sur un feu très-vif, sans oublier que la

flamme est toujours préférable au charbon.
Elle détermine l'ébullition toujours plus promptement, et le mot de bouillabaisse, c'est-à-dire
faites bouillir et ôtez, indique que cette ébullition doit être rapide et pour ainsi dire instantanée. Un bon quart-d'heure à peu près suffit
pour que le bouillabaisse soit fait et parfait. Il
faudrait prolonger cet intervalle de cinq ou six
minutes, s'il se trouvait dans votre bouillabaisse
du baudreuil ou du maquereau, mais ce dernier
ne peut y être admis que dans un cas d'absolue
nécessité.

C'est ici le lieu de faire quelques observations
indispensables : nous avons parlé du poêlon, et
ce n'est pas par oubli des convenances. Toutes
les ménagères qui, sur ce point, sont plus com-
pétentes que les cuisiniers en titre, vous diront
que le poêlon bourgeois, pour les préparations
dons nous donnons la recette, vaut mieux que
la précieuse casserole en tôle ou en cuivre.
Peut-être ne sauraient-elles pas vous dire pour-
quoi, mais on le présume : le métal a toujours
une odeur que n'a pas la terre cuite, odeur qui
doit nécessairement dénaturer plus ou moins
des opérations culinaires, qui ne doivent leur
excellence qu'à l'arôme volatilisable d'où elles
tirent toute leur saveur. Puis, il est quelques-

unes de ces préparations, telles que la bourride
et la branlade, qui exigent un tournoiement
continuel avec la cuiller, depuis le moment où
on les met sur le feu jusqu'à parfaite cuisson.
Ce mouvement a pour but, dans certains cas,
d'amener une espèce de crème, dans d'autres,
une pommade de la consistance du beurre. On
conçoit que l'angle formé par les parois de la
casserole avec le fond doivent nuire à cette opération, tandis que les formes arrondies du poêlon la favorisent. Servez-vous donc du poêlon
prolétaire; n'employez l'aristocratique casserolle
que quand vous ne pourrez faire autrement.

Nous avons énoncé les diverses substances
qui servent de base au bouillabaisse : l'oignon,
l'ail, le persil, l'épice, le poivre, l'écorce d'o-
range, le saffran et l'huile; elles sont indispensables. Il est inutile d'ajouter qu'elles doivent
être proportionnées à la quantité de poisson et
au nombre des consommateurs. A ces bases
fondamentales et sacramentelles, quelques personnes ajoutent une feuille de sauge. D'autres
y mettent du fenouil, d'autres encore une feuille
de laurier. On conçoit parfaitement que ces accessoires n'apportent que de très-légères modifications au plat, et dépendent du goût des in-
dividus. Nous ne croyons pas, cependant, com-

promettre notre réputation de gastronome
en conseillant d'exclure le fenouil et la sauge.[3]

(*Nota.*) Lorsque vous aurez à mettre dans le
bouillabaisse du foie de baudreuil, de merlan ou autres poissons, vous ne le mettrez pas
en même temps que le poisson, mais seulement un demi quart-d'heure avant de retirer
du feu.

Deuxième manière.

Si votre bouillabaisse se compose en ma-
jeure partie de gallinettes, et que d'autres
poissons n'y entrent que comme accessoire;
si surtout vous avez eu le malheur de ne
trouver à la poissonnerie que du maquereau,
des sardines ou du poisson gras, il vous faut
procéder différemment. Mettez au fond du
poêlon quelques poireaux coupés assez menu,
ajoutez-y de l'huile et le poisson en tranches,
faites roussir en tournant le tout pendant cinq
ou six minutes; puis, mettez un verre d'eau
par personne, les substances dont nous venons
de parler ci-dessus, et faites bouillir, comme
nous avons dit, rapidement, sur un feu vif et à
la flamme, autant que possible, pendant un bon
quart-d'heure.

Bouillabaisse aristocratique.

Les prolétaires, les courtiers marrons, les hommes de lettres de Marseille ne le connaissent pas. Il n'est à l'usage que des négociants, des membres du conseil municipal et des courtiers impériaux. Mais comme nous écrivons pour tous, comme ces hautes sommités sociales peuvent un jour ou l'autre se trouver à une partie de campagne, et que leur cuisinière ait fait défaut, il pourra leur venir l'envie d'oublier pour un moment leurs graves préoccupations, et de prendre la queue du poêlon. Nous allons leur venir en aide, et leur dire comment on fait le bouillabaisse arististocratique.

Ils auront une quantité autant diverse et mêlée que possible de fretin, de petits poissons de toutes les qualités, et ils en feront un bouillabaisse comme nous l'avons indiqué pour la première manière. Quand il sera terminé, c'est-à-dire quand il aura bouilli, et toujours à grand feu, pendant un bon quart-d'heure, ils couleront le tout dans une passoire en le pressant légèrement ; ils mettront ce résidu dans un poêlon, et ils feront bouillir jusqu'à parfaite cuisson, des poissons de choix, tels que le saint-pierre et le merlan. C'est là la quintessence et le *nec plus ultra* du bouillabaisse, pourvu qu'on y apporte tous les soins que nous avons énumérés avec l'exactitude que demande un sujet aussi important.

Pour le rendre plus parfait encore, on fera roussir au fond d'une casserolle quelques tranches de jambon avec un petit oignon haché, on mouillera avec un verre de vin de Madère, et après avoir passé, on ajoutera ce supplément de bouillon à celui du fretin où on fera cuire le gros poisson.

Nous avons indiqué pour la mesure de l'eau à mettre dans le bouillabaisse, un petit verre d'eau par personne; mais cette indication pourrait être souvent fautive. La plus positive qu'on puisse donner, c'est que l'eau doit à peine couvrir le poisson et ses accessoires.

Le bouillabaisse ainsi que la bourride perdent de leur mérite s'ils sont faits pour une réunion excédant sept à huit personnes, et, dans ce cas, on ferait bien de scinder en plusieurs parties.

Quand le bouillabaisse est fait, quelle que soit des trois manières que nous venons de décrire celle qu'on ait adoptée, on versera le bouillon sur les tranches de pain préparées d'avance, et qui doivent être suffisamment et copieusement humectées sans qu'il reste du bouillon au fond

de la soupière. Sans cette condition, le bouillabaisse peut être bon, mais n'est pas parfait.

Dans quelques réunions, on sert et on mange
le poisson avec les tranches qui servent de pain.
Quelquefois les tranches sont la soupe, le poisson vient ensuite et se mange alors avec l'ailloli,
ou simplement avec une sauce à l'huile et au
vinaigre. Le premier mode est en usage lorsque quelques plats étrangers doivent suivre le
bouillabaisse, mais il a l'inconvénient d'assouvir
l'appétit et de né pas laisser de place pour ce
qui doit venir après. Tenons-nous-en au bouillabaisse, surtout s'il est accompagné de l'ailloli.

Observation transitoire.

Nous avons parlé de la gallinète ou grondin,
qui n'est supportable qu'en bouillabaisse. Les
Parisiens l'ont décoré du nom de rouget. On
conçoit bien que ce n'est ni le naturaliste M.
Geoffroi de S.-Hilaire, ni ses doctes confrères du
Jardin des Plantes, qui prêtent les mains à une
aussi flagrante usurpation de nom et de qualités; ce sont les restaurateurs, et même les plus
en renom. Mais hâtons-nous de dire que ce
n'est pas à mauvaise intention; dans leur can-
dide croyance de Parisiens, ils prennent bien
réellement la gallinète, parce qu'elle est rouge,
pour ce petit poisson si savoureux, si délicat,

à l'agréable parfum de roches, et doté par nos ménagères du nom d'ortolan de la mer. L'erreur est pardonnable : leurs confrères des barrières appellent bien du vin cette espèce de boisson aigre, amère, bleue, violacée, dont ils empoisonnent leurs pratiques, boisson que les chimistes n'ont jamais pu analyser, mais où il entre un peu de tout, excepté du jus de raisin. Elle accompagne fort bien, au surplus, le civet de chat, base fondamentale des regals de la barrière.

Ainsi, compatriotes, quand sur une carte de restaurant de Paris vous trouverez du rouget, gardez-vous d'en demander, on vous servivirait une gallinète modestement bouillie dans l'eau sans sel, sans goût et quelquefois arrivée du Hâvre depuis huit jours. Inutile de dire qu'il n'en est point ainsi chez les frères Provençaux et chez Abeilard. Ceux-là connaissent le rouget.

La Bourride.

Vous ferez simultanément le bouillabaisse selon l'une des trois manières que nous avons indiquées, et l'ailloli, dont vous avez vu la recette. Cela terminé, vous mettrez de côté, sur une assiette, votre ailloli, dont vous laisserez une cuillerée ou deux dans le mortier, obser-

vant de vous servir d'une cuiller en buis préférablement à une en métal. Celle-ci peut faire
tourner et dissoudre la pommade.

Vous mettrez dans le mortier un jaune d'œuf
par personne, et vous les amalgamerez avec
l'ailloli au moyen du pilon. Vous aurez préalablement humecté vos tranches avec une partie
du bouillon du bouillabaisse, toujours sans qu'il
en reste au fond de la soupière; vous verserez
le reste dans le mortier, et vous mélangerez
exactement ce bouillon avec l'ailloli et les jaunes
d'œuf. Ce mélange sera mis dans un poêlon,
sur un feu très-doux, et tourné sans relâche
jusqu'à consistance d'une crême très-légère.
Une seconde de trop, un petit temps d'arrêt
dans le mouvement de rotation, suffisent pour
faire figer cette crême. On reconnaît qu'elle est
à la consistance voulue, par un léger cercle que
dépose à la circonférence du poêlon la partie
supérieure du liquide. On le reconnaît aussi en
y plongeant une extrémité d'une tranche déjà
imbibée par le bouillabaisse. Si la crême y
adhère, elle est au point convenable, et, dans
les deux cas, vous pouvez la retirer du feu et la
verser sur vos tranches.

Ce potage, car on ne peut l'appeler autrement, et il en tient honorablement la place,

ne conserve de l'ail qu'un goût très-affaibli et très-doux. Dans des nombreuses parties de campagne, dans de somptueux banquets. nous n'avons vu personne encore qui ne le trouvât délicieux : gens du nord et du midi en raffolent également, et nous avons dîné même avec des Anglais, que l'amour de la bourride réconciliait avec l'ail.

La bourride est, comme nous venons de le dire, un potage, et se mange toujours seule ; le saint-pierre, le merlan et le rouget viennent ensuite comme premier plat, ainsi que fit le comte de Provence au banquet des pêcheurs. On s'en tient à ces prémicés, on ne touche que du bout des lèvres à tout ce qui est servi après, sauf toutefois le dessert, et surtout le café indispensable, ainsi qu'un verre de rhum ou de cognac après l'ailloli.

La bourride est toujours et partout bien accueillie ; mais voulez-vous la déguster dans toute la perfection que lui donnent et les circonstances et sa véritable place, que ce soit à une partie de campagne, aux bords de notre Méditerranée si bleue et si belle, par un de nos doux soleils de printemps ou d'automne: puis, allez fumer un cigarre, non de la régie, mais de la Havane, si vous le pouvez, sous la pinède embaumée par le parfum de ses arbres et des mille plantes aromatiques qui croissent à leurs pieds. Ce sera une journée de bonheur, car pendant sa durée vous oublierez et les échéances de la fin du mois, et les protêts, si vous en avez.

Accessoires de la Bourride.

Composition d'un déjeûné de campagne.

Ainsi qu'on l'a vu, la bourride sert ordinairement de potage, et le poisson se mange assaisonné avec l'ailloli. Il est ordinairement escorté par des plats d'artichaux, de carottes, de pommes de terre, le tout bouilli, assez souvent aussi par un plat de limaces cuites simplement à l'eau. Il n'est pas rare de voir servir une volaille froide avec la bourride, et, dans ce cas, bien qu'un déjeûner, et un déjeûner de campagne surtout, ne doive avoir qu'un service, il est important d'enlever tout ce qui a trace d'ailloli et de bourride avant de servir la volaille, que l'on accompagnera de hors-d'œuvres ou d'entremets de la saison, tels que coquillages et artichaux crus, oursins, jambon, saucisson, etc. Si l'on ajoutait une entrée à la volaille, il faudrait les servir ensemble.

Précautionnez-vous toujours pour le dîner dans ce sortes de parties, et ne vous reposez

pas trop sur l'effet produit par un copieux dé-
jeuner qui pourrait vous paraître suffisant pour
la journée entière. L'expérience en a été faite
cent fois, et des imprudents ont déploré leur
aveugle confiance. La promenade, la chasse,
l'air de la mer; le parfum des pins sont des
apéritifs qui feraient digérer aux plus délicats
estomacs, un repas de Gargantua.

Heureusement la campagne vous offre des
ressources toutes prêtes. Vous avez sous la
main de la volaille, des œufs, des lapins, de
savoureux légumes, et nous vous avons déjà
appris ou nous vous apprendrons bientôt
comment tout cela s'apprête de la manière la
plus convenable. Si votre chasse vous a fourni
des petits oiseaux vous pouvez aussi les rôtir ou
les mettre en salmi, vous gardant bien, toutefois, d'en agir ainsi pour les grives et autres
plus forts gibiers qui pour être bons doivent
séjourner dans le garde manger plus ou moins
long-temps selon la température.

Les Oursins.

Nous avons cité ci-dessus, les oursins comme une excellent entremêt. Tous ceux de
nos lecteurs qui appartiennent à nos contrées
savent très-bien que ce madrépore n'a besoin
ni de cuisson, ni de préparation. Il faut seu-

lement avoir attention de le manger très-frais
et de le nettoyer avec soin, après avoir enlevé, avec des ciseaux, un petit rond de la
coquille du côté de la bouche ou de l'ouverture. Cette opération doit être faite immédiatement avant de servir, surtout par un
temps chaud. Si on laisse les oursins ouverts
pendant quelque temps avant de les manger,
ils se remplissent d'une eau laiteuse au détriment de la chair qui se fond.

Nous avons vû quelques personnes manger
les oursins avec des mouillettes de pain en-
duites de fromage de chêvre et trouver à ce
mélange un goût exquis. C'est un essai qu'on
peut faire sans beaucoup de peine.

Les meilleurs oursins et les plus pleins sont
à ce qu'assurent les pêcheurs ; ceux qu'on
prend pendant la pleine lune ou le premier
quartier. On ne trouve presque rien dans
ceux qui sont pendant la décroissance. Nous
pouvons ajouter que l'expérience que nous
en avons faite mainte fois a pleinement con-
firmé la réalité de cette assertion populaire.

La Branlade.

On sert la branlade à Paris, mais ce n'est
guère que dans quelques restaurants provençaux. Nous pouvons donc la considérer com-

me un plat indigène, et en donner la recette.

Vous aurez laissé tremper la morue pendant vingt-quatre heures. Vous la ferez bouillir, et pour le dire en passant, vous devez savoir que soit pour la mettre en branlade, soit pour la faire frire ensuite, soit enfin pour la manger assaisonnée à l'huile et au vinaigre, ou à la hollandaise avec du beurre, il faut la retirer du feu une minute après que l'ébullition, qui doit être déterminée par un feu très vif, a commencé. Si elle se prolongeait plus long-temps, la morue serait dure, coriace, et impropre à la branlade. En retirant du feu, vous arrêtez l'ébullition par un demi verre d'eau froide que vous y verserez. Vous aurez fait bouillir avec un oignon coupé par tranches, une feuille de laurier, une feuille de sauge, une pincée de poivre et un petit morceau d'écorce d'orange.

Dépécer la morue par très petits morceaux, enlever avec soin les épines et les parties cartilagineuses qui avoisinent les ailerons. Après cette opération préparatoire, pilez dans un mortier deux gousses d'ail, et quand elles seront en pâte, ajoutez-y un peu d'huile, et faites en une pommade dont la condition indispensable n'est pas d'avoir la consistance de l'ailloli. Versez-la dans un poêlon avec la morue, et ajoutez par intervalles souvent répétées de l'huile, tandis que vous remuez circulairement avec une cuiller de buis. De temps en temps couvrez le poêlon et remuez fortement ce qu'il contient, jusqu'à ce que au moyen de cet *ébranlement* qui est l'étymologie du plat, la morue soit pour ainsi dire réduite en pâte. Avant d'arriver à ce résultat, vous aurez à y verser quelques filets d'eau tiède, puis encore de l'huile, toujours en alternant ; mais il faut que l'huile domine, et surtout qu'elle soit d'une excellente qualité. Quand le tout commencera à se réduire en pâte homogène où aucune parcelle de morue ne pourra plus se distinguer, vous y presserez le jus d'une moitié de citron, et vous continuerez pendant quelques minutes encore les mouvements de la cuiller et du poêlon, qui ont pour résultat de lier la pâte et d'en mêler tous les composés. Au moment de parfaite cuisson, vous pouvez ajouter quelques cuillerées de lait : mais dans ce cas il faut attendre le point où la branlade cesse d'être en ébullition, et retirer du feu immédiatement après. Cette adjonction n'est qu'exceptionnelle. Une autre plus généralement adoptée et que nous recommandons à ceux qui ne craignent pas la dépense, c'est celle

de quelques truffes coupées en petites tranches ou filets très-minces qu'on mettra comme le lait un instant avant de servir.

On peut joindre à la morue une petite
pomme de terre bouillie et réduite en pâte.
Elle sert efficacement à lier et consolider le
reste.

En indiquant deux gousses d'ail, nous avons
supposé une branlade pour cinq à six personnes. On peut en conclure la progression
ascendante pour un plus grand nombre de
personnes.

Nous terminerons cet article par une re-
marque qui n'est pas sans importance. La
branlade a des attraits ; mais il ne faut pas
s'y livrer avec trop d'abandon si l'on veut se
réserver pour les plats qui doivent nécessairement l'accompagner ou la suivre , car ce
n'est pas ici la bourride qui peut , à elle
seule , faire le fond d'un succulent repas.
La branlade rassasie vite , elle est pesante et
de difficile digestion. N'en usez donc que
modérement.

Taoutenes farcies.

Ce plat est sans contredit un des plus délicats de la cuisine provençale ; mais sa pré-

paration comme on va le voir, est assez longue et compliquée.

Prenez pour sept à huit personnes trois ou
quatre taoutènes de moyenne grosseur, enlevez
le noir et l'épine, lavez avec soin et séparez
les queues de la calotte. D'une part hachez
les queues, de l'autre du persil, un peu d'oignon, une gousse d'ail, un morceau de mie
de pain trempé dans l'eau ou mieux encore
dans le lait, s'il est possible. Mêlez ensemble
ces deux hachis en y ajoutant deux jaunes
d'œuf, sel, poivre et épice. Remplissez avec
ce mélange les calottes que vous coudrez en
ayant soin de ne pas trop les bourrer, parce
qu'en cuisant, elles se racornissent et pourraient crever. Tout cela étant prêt, faites la
sauce blanche suivante :

Prenez un oignon coupé en tranches, un
anchois haché, une gousse d'ail en tranches,
une feuille de laurier, un peu de persil, carotte, céleri ; mettez-le tout dans une casserolle avec un peu d'huile et faites migeotter
pendant cinq minutes, ajoutez une cueillerée
de farine, mouillez avec de l'eau, laissez
bouillir pendant un quart d'heure, passez
au tamis et mettez le bouillon dans la casserolle avec les taoutènes que vous laisserez
bouillir pendant une heure environ, et plus

ou moins selon leur grosseur. Avant de servir
vous ferez une liaison avec deux jaunes d'œuf
et le jus de la moitié d'un citron. Vous pouvez y ajouter des truffes, des cornichons, des
capres, mais dans ces deux derniers cas il faut
exclure le jus de citron.

Indépendamment de la sauce dont on vient
de donner la recette, lorsque les taoutènes
sont farcies d'après l'indication ci-dessus,
on peut les mettre à toute autre sauce, soit au
gras soit au maigre, en les laissant toujours
bouillir pendant une heure environ.

Sardines farcies.

Prenez une livre ou deux de sardines ;
écaillez, lavez avec soin, ouvrez-les par le
ventre, enlevez la tête et l'épine. Après cette
préparation, pour une livre de sardines, ayez
une demi-livre de gros merlan, enlevez-en la
peau et pilez-la dans un mortier avec un
peu d'oignon, du persil, une demi-gousse
d'ail, un morceau de beurre gros comme un
œuf si c'est au maigre, un morceau de lard
si c'est au gras, le tout assaisonné de sel et
de poivre. Lorsque ce mélange sera bien homogène, vous y ajouterez un morceau de
mie de pain dont la grosseur ne doit pas dépasser le tiers de ce qui est dans le mortier, et

que vous aurez laissé tremper dans l'eau ou le
lait ; un ou deux jaunes d'œuf ; pilez et mêlez
de nouveau avec soin. Ajoutez dans cette
farce deux blancs d'œuf préalablement bien
battus, et mêlez encore.

Etendez sur la table de cuisine ou la planche à hacher, vos sardines, l'intérieur en
dehors, mettez dans chacune un morceau de
farce de la grosseur d'une noix. Il est inutile
de les lier, parce qu'elles adhèrent assez avec
la farce pour ne pas se dérouler.

Vos sardines ainsi préparées, ayez une pincée d'oignon haché, autant de persil et une
gousse d'ail, mettez ce mélange au fond d'un
plat à gratin avec un peu d'huile et du pain
rapé, rangez l'une à côté l'une de l'autre les
sardines dans ce plat, ayant soin de ne pas
les dérouler, soupoudrez-les avec du pain rapé
et un peu de sel pour finir l'assaisonnement
et mettez le plat dans un four s'il est possible,
ou sur un fourneau avec du feu dessous et
dessus. Quand les sardines commenceront à
gratiner, ajoutez un demi-verre de vin blanc,
et laissez cuire pendant une demi-heure au
plus.

Servez dans le plat où sont les sardines, et
si, au moment de les retirer du feu, elles
étaient trop sèches, on pourrait y ajouter un

peu de coulis de pommes d'amour, du bouillon, et même de l'eau, mais en petite quantité
et tiède.

Rougets, filets de Sole, filets de Merlan farcis.

Le procédé est absolument le même que
celui qui vient d'être expliqué pour les sardines. Il est sans doute superflu de faire observer
qu'on doit proportionner la quantité de la
farce, à la grosseur du poisson.

Sardines au gratin.

On procède de la manière ci-dessus mais
sans farcir les sardines et ayant toujours soin
de les ouvrir et faisant alternativement un
lit de sardines et de farce. Le maquereau, la
sole, le merlan, le rouget au gratin se font
de la même manière.

Pilau de Moules.

Après avoir soigneusement lavé vos moules
dans deux ou trois eaux, faites les ouvrir
dans une casserolle sur le feu, retirez-les de
la coquille à mesure qu'elles s'ouvrent et mettez-les sur une assiette. Coulez dans un bowl,
l'eau qu'elles auront rendue, bien lentement,
pour laisser au fond de la casserolle le résidu

terreux que vous jetterez, ayant soin de rincer
et d'essuyer cette casserolle si vous vous servez
de la même.

Faites roussir avec de l'huile un oignon
coupé en tranches ; quand il aura commencé
à prendre couleur, mettez tout ou partie de
l'eau rendue par les moules , en la versant
toujours avec précaution, parce qu'elle aura
encore déposé. On complète le reste avec de
l'eau naturelle. La quantité totale du bouillon ,
doit être de trois bowls sur un bowl de riz ,
nous avons dit de mettre le tout ou partie
parce que dans aucun cas cette eau ne doit
dominer dans le bouillon du pilau, ce qui aurait lieu si les moules en avaient rendu une
grande quantité.

Lorsque l'eau aura pris une forte ébullition,
vous y mettrez le riz, les moules, du sel , un
clou de gérofle et une pincée de saffran. Vingt
minutes doivent suffire pour que le bouillon
soit entièrement consumé et que votre pilau
soit à point.

Quelques cuisinières laissent la moule adhérer à une des coquilles et mettent le tout
ensemble dans le pilau. Nous ne saurions
approuver cette méthode ; loin de bonifier le
bouillon, la coquille ne peut lui communiquer
qu'un goût de vase.

Pilau de Clovisses.

Il se fait absolument comme celui de moules. On peut également mélanger les moules et
les clovisses , en procédant toujours de la
même manière.

Pilau de Langouste.

Lorsque l'oignon aura suffisamment roussi,
ainsi qu'il a été dit ci-dessus, vous fendrez la
langouste par le dos vous la mettrez dans la
casserolle , vous la laisserez pendant deux ou
trois minutes avant de mettre l'eau que vous
mesurerez dans sa proportion avec le riz. comme nous l'avons expliqué. Quand la langouste
sera cuite, vous la retirerez et vous mettrez en
place le riz, le sel, le gérofle et le saffran. Si
pendant la cuisson de la langouste, le bouillon
avait subi une trop forte réduction , vous ajou-
teriez assez d'eau pour arriver à la proportion
voulue, et vous laisseriez reprendre l'ébullition
avant de mettre le riz et les accessoires.

On procède exactement de la même manière,
pour faire le pilau de cancres , en provençal
favouios.

Pilau de Polypes. [6]

Il faut préalablement couper et enlever le noir, le jaune et les yeux du polype, et prêter le plus grand soin à cette opération , car si vous crevez la petite vessie qui renferme le noir, et qu'il en reste une légère parcelle, elle se répendra surtout le corps de l'animal que vous aurez beaucoup de peine à rendre blanc et propre en le lavant longtemps et à plusieurs reprises. Vous garderez le jaune sur une assiette pour l'usage qui sera expliqué plus bas, Vous enlèverez la peau, opération que l'eau chaude facilite, et vous couperez la calotte et le corps du polype en petits morceaux larges en superficie d'un pouce carré à peu près , et les pattes en tronçons d'un pouce de longueur.

Laissez roussir vos oignons pendant quelques minutes , puis ajoutez-y ces morceaux de polype et faites roussir tout ensemble , en remuant de temps en temps. Lorsque , par suite d'un demi-état de cuison , les morceaux de polype commenceront à crépiter et à sauter dans la casserolle, vous délayerez avec de l'eau tiède le jaune que vous avez conservé , vous mettrez cette sauce qni ne doit pas être plus abondante qu'un demi-verre d'eau avec les

morceaux, vous mêlerez bien le tout ensemble
et laisserez migeoter pendant un quart d'heure.

Alors vous raviverez le feu et vous mettrez
l'eau nécessaire. Si le polype qui fait le fond
du pilau est jeune et tendre, vous pouvez mettre le riz aussitôt que l'ébullition est déterminée. Dans le cas contraire faites bouillir seuls
les morceaux de polype, pendant le temps
qui vous paraîtra nécessaire pour qu'ils soient
arrivés à leur parfaite cuisson à la fin de l'é-
bullition. Il est inutile d'ajouter que dans ce
cas, vous devez proportionner la quantité de
votre bouillon à la diminution qu'il doit éprou-
ver par ce surcroît d'ébullition. Il est entendu
aussi, qu'en mettant le riz, on met les assaisonnements, sel, girofle et saffran.

Il est bon de faire observer que les polypes
les plus petits sont aussi les plus délicats, mais
quelles que soient leurs dimensions, on ne
peut guère les manger immédiatement après
qu'ils ont été péchés. Si cependant on le voulait absolument, il faudrait les battre pendant
longtemps pour les mortifier, surtout s'ils
étaient gros. On peut toujours les garder pendant au moins vingt-quatre heures ; et qu'elle
que soit la durée du temps pendant lequel
on les a conservés, on ne doit pas négliger de
les battre avant la préparation.

Pilau de Sèche.

Il se fait en tout point comme celui de polype. La sèche à une chair beaucoup plus délicate, toujours tendre, et toujours exempte d'une certaine odeur de musc désagréable que le polype a souvent. Ne vous servez donc de celui-ci pour le pilau que lorsque vous ne pourrez pas faire autrement.

La Raite.

C'est un plat qui n'est pas d'apparat , qu'on n'offre que sans cérémonie, mais c'est un plat de ménage et qui n'est pas sans mérite. Voici la manière de le préparer.

On le fait avec du poisson ou de la morue , mais plus souvent avec cette dernière. Si c'est du poisson, on prendra de préférence le baudreuil ou le merlan, en général ceux qui ont la chair la plus ferme.

Faites frire le poisson, retirez-le de la poêle , mettez-le de côté sur une assiette , et dans la poêle avec l'huile qui est restée de la friture, un oignon haché et un anchois, ou seulement la moitié , selon le volume du plat. Quand les oignons commenceront à prendre couleur , ajoutez quelques pincées de farine que vous délayerez avec un demi-verre de vin versé par petits filets. Laissez bouillir légèrement et à petit feu pendant une demie heure ; ajoutez de l'eau suffisamment pour faire une sauce convenable à votre poisson ; faites bouillir pendant quelques instants encore , versez dans une casserolle , sur le feu, mettez-y votre poisson, laissez le assez de temps pour qu'il s'incorpore avec la sauce et en prenne le goût. Vous y aurez mis avant l'eau une gousse d'ail et un peu de persil hachés très menu. Avant de retirer vous pouvez ajouter une feuille de laurier, quelques capres et un morceau d'écorce d'orange.

Bœuf en daube.

A Paris et dans le nord de la France on fait ce qu'on appelle le *bœuf à la mode*. La chose ressemble encore moins que le mot à ce que nous appelons en Provence bœuf en daube. Les Parisiens coupent la viande en petits morceaux , y mettent force oignons , force carottes , quelquefois des navets , fort peu d'ail , fort peu de lard, quelques gouttes d'un vin frelaté , de l'eau en abondance , et font bouillir grand train ; c'est un potage , une entrée, c'est tout ce qu'on voudra , c'est en un mot du bœuf à leur mode. Voici la notre qui vaut un peu mieux : on en jugera par les résultats.

Prenez un morceau de tranche de bœuf, pas trop gras, d'un demi-kilo au moins et n'oubliez pas que pour ce mets comme pour le bouilli, la bonté et la perfection augmentant en raison du volume de la viande, il est difficile de faire quelque chose de bien bon avec moins d'un demi kilo.

Percez le morceau de distance en distance, avec un couteau, et introduisez dans les trous un petit morceau de lard et la motié d'une gousse d'ail. Mettez au fond d'une soupière, du vignaire, un peu d'huile, du sel, du poivre, tournez et retournez la pièce dans cette sauce et laissez-la mariner du soir au matin, et même un plus long temps pendant l'hiver.

Quand vous voudrez mettre le bœuf sur le feu, étendez quelques tranches de lard au fond d'une marmitte proportionnée au volume de la pièce, mettez celle-ci au dessus, recouvrez-la d'autres bandes de lard, assaisonnez avec sel, poivre, un clou de gérofle, une feuille de laurier, un morceau d'écorce d'orange, un demi-verre de vin blanc, et un filet d'eau de vie. On peut ajouter un très-petit oignon coupé en quatre, mais nous ne le recommandons pas. Il vaut mieux y substituer un pied de mouton.

Donnez pour couvercle à la marmite une

assiette qui n'en dépasse pas l'ouverture, et qui en soit séparée par une feuille de papier coupée en rond sur l'orifice de la marmitte. Cette assiette doit être un peu creuse et vous la remplirez d'eau et de vin mélangés par égale partie.

Cela fait, mettez votre marmitte sur un feu extrêmement doux et que vous aurez eu le soin de couvrir, de manière à ce que l'ébullition soit pour ainsi dire imperceptible. Si vous vous apercevez que le feu prenne tant soit peu de violence, ne tardez pas à le recouvrir avec de la cendre. Il faut au moins six heures pour cuire de la sorte un morceau de bœuf d'un demi-kilo. Une et même deux heures de plus ne nuiraient pas et seraient indispensables si la pièce était d'un volume supérieur.

On ne peut pas dire que le bœuf préparé de cette manière soit un mets distingué pour le palais des gastronomes de profession, mais c'est un des meilleurs plats de ménage que l'on puisse confectionner. Il a l'avantage de se conserver en été jusqu'au lendemain, en hiver pendant deux ou trois jours, et d'être meilleur et plus savoureux froid que chaud. C'est une excellente provision pour les parties de campagne, de pêche ou de chasse. On peut aisément l'envelopper et le mettre en poche , et il supplée parfaitement aux préparations culinaires que, quelquefois on n'a ni le temps ni la volonté de confectionner.

Lorsque le bœuf en daube fait le fond d'un repas de famille , on le fait ordinairement précéder par un plat de macaronis , et comme ces deux mets marchent souvent ensemble , nous croyons devoir donner ici la recette du dernier que nous venons de mentionner.

Macaronis au jus de bœuf en daube.

Faites bouillir dans une casserolle une quantité d'eau proportionnée à celle des macaronis, dont vous pouvez mettre un demi-kilo pour six ou sept personnes. Ne les jettez dans l'eau que quand elle sera en grande ébullition , et comme ils s'attachent, vous aurez eu soin de mettre préalablement, au fond de la casserolle , une assiette renversée, dont le vernis lisse empêchera la pâte d'y adhérer comme aux parvis de la casserolle. Ajoutez un peu de sel et laissez bouillir à grand feu pendant une demi heure ou trois quarts d'heure tout au plus. Mettez vos macaronis dans une passoire et laissez bien égouter. Faites en ensuite un lit au fond d'une soupière qui aille au feu ; mettez sur cette couche, une légère couche de fromage de Hollande rapé , ou mieux du parmésan si vous en avez. Le gruyère peut servir à la rigueur, mais aucune autre qualité ne peut le remplacer. Nouveau lit de macaroni, nouveau lit de fromage qui doit toujours être au-dessus.

Versez dans la soupière une partie du jus de bœuf, et mettez-la sur un feu doux dessous, et plus fort au-dessus, avec un couvercle en fer. Un quart d'heure suffit pour parfaire la cuisson et rissoler le fromage. Servez avec la soupière.

Soupe courte.

Prenez un morceau de mouton, du côté de la tranche autant que possible ; faites-le roussir avec du lard coupé en morceaux ou un peu de graisse blanche. Quand il aura suffisamment roussi, ajoutez un verre d'eau tiède ou de bouillon, un oignon coupé en quatre, deux ou trois gousses d'ail, une feuille de laurier, un ou deux clous de gérofle, sel et poivre, et laissez bouillir ainsi à petit feu et en retournant de temps en temps, jusqu'à ce qu'il ne faille plus qu'une demi-heure au plus pour arriver à une parfaite cuisson.

Ravivez alors le feu, mettez de l'eau et faites bouillir bon train. Aussitôt que votre eau sera en ébullition, mettez-y le riz et le saffran. Il faut que les quantités respectives d'eau et de riz soient dans les proportions que nous avons indiquées pour le pilau, car la soupe courte n'est pas autre chose qu'un pilau. Le riz accommodé de cette manière est fort bon. On ne peut en dire autant du mouton qui a communiqué au bouillon une partie de sa saveur. On doit le manger séparément, en le relevant par une sauce quelconque ou un coulis.

Raviolis.

Pétrissez de la fleur de farine avec un morceau de beurre dont la grosseur doit être à peu près égale à celle d'une orange pour une livre de farine. N'ajoutez votre eau que petit à petit, manipulez longtemps, mêlez bien le beurre avec la farine, et faites une pâte dont la consistance soit plus solide que celle du pain au moment où on le met au four. Cela fait, coupez de cette pâte des morceaux de la grosseur d'une très petite noix, et les ayant placés successivement sur la planche à hacher ou sur la table, passez-y le rouleau à plusieurs reprises, repliez-les plusieurs fois sur eux-mêmes et recommencez cette opération jusqu'à ce que vous ayiez réduit chaque morceau en feuilles bien minces que vous couperez en rond. Pendant cette opération, vous aurez eu soin chaque fois, de saupoudrer légèrement votre table de farine, pour que la pâte ne s'y attache pas.

Vous aurez d'autre part un hâchis de viande de saucisses, vous en mettrez un morceau gros comme une noisette au milieu de chaque rond de pâte et vous replierez ce rond de manière à couvrir et envelopper le hachis. Pour cela vous rapprocherez bien les bords et les ferez adhérer solidement. Les raviolis étant ainsi préparés, vous les plongerez avec précaution dans de l'eau qui doit bouillir à grand force et vous les y laisserez pendant cinq ou six minutes.

En les retirant du vase où ils auront bouilli, vous les déposerez dans une passoire ou sur une planche, isolés l'un de l'autre, pour les laisser bien égoutter. Vous en ferez ensuite au fond d'un plat à gratin un lit sur lequel vous étendrez une couche de fromage de Parmesan ou de Hollande râpé, et vous les placerez ainsi successivement par lits de raviolis et de fromage. Vous arroserez le tout et assez abondamment avec du bon jus de viande, donnant la préférence à celui de bœuf en daube si vous en avez. Mettez sur le fourneau feu dessus et dessous et laissez cuire lentement.

On peut mettre dans les raviolis, au lieu de hâchis de chair de saucisses, un petit morceau de cervelle de mouton ou d'agneau. Dans ce cas la cervelle doit avoir été préalablement soumise à une légère cuisson en la faisant bouillir pendant quelques minutes.

Il est inutile d'ajouter qu'on peut se servir aussi d'nn hachis qu'on fait soi-même, et tel que nous l'indiquous ailleurs soit pour les oignons farcis, soit pour les concombres, etc. Mais il ne faut pas oublier que pour les raviolis surtout, cette farce doit être hachée très menu, et réduite pour ainsi dire en pâte. On devra la faire roussir légèrement avant de s'en servir pour mettre dans les raviolis.

Raviolis à la française.

Ayez un morceau de volaille ou d'agneau rôti ; à defaut un moceau de tranche d'agneau ou de veau que vous couperez en petits morceaux et que vous ferez sauter dans la casserolle jusqu'à ce qu'il soit presque cuit. Vous le mettrez dans un mortier et le pilerez bien, en ajoutant un peu de lard rapé, un peu de moëlle de bœuf, et une cervelle d'agneau ou de mouton. Quand le tout sera à peu près réduit en pâte, vous ferez blanchir dans l'eau bouillante un peu de bourrache et un peu d'épinards, vous les hacherez, vous les ferez roussir avec huile ou graisse, vous les laisserez refroidir, vous les mettrez avec la viande et vous pilerez de nouveau pendant longtemps, en ajoutant un peu de persil et assaisonnant avec sel, poivre et épices. Passez ce mélange à travers une passoire pour enlever les nerfs et tendons qui pourraient être restés. Remettez le résidu dans le mortier avec un œuf, blanc et jaune, une pincée de fromage parmesan rapé, et amalgamez bien le tout.

D'autre part vous ferez bien votre pâte comme nous l'avons dit ci-dessus, avec une livre de farine, deux jaunes d'œuf et environ deux onces graisse ou beurre. Vous devez rouler cette pâte jusqu'à ce qu'elle ne soit pas plus épaisse qu'une pièce d'un franc. Alors vousla couperez en deux parties, vous mettrez sur 'une, de distance en distan cedes morceaux de votre farce de la grosseur d'une noisette, vous recouvrirez avec l'autre partie, vous les ferez bien adhérer ensemble, et vous formerez vos raviolis en coupant en rond autour des morceaux de viande. Vous pouvez procéder aussi comme nous avons dit ci-dessus.

Plongez vos raviolis dans l'eau bouillante. Ils iront d'abord au fond ; laissez-les bouillir pendant cinq minutes après qu'ils seront revenus au dessus, retirez-les avec une écumoire, mettez-les dans le plat sur lequel ils doivent être servis, en formant des lits alternatifs de raviolis et de fromage parmesan râpé.

Versez le jus bien chaud et placez-le plat sur un réchaud où vous le laisserez pendant quelques minutes avant de servir.

Pommes d'amour farcies.

Faites un hachis avec un anchois, du persil, de l'ail, de la mie de pain ; faites le roussir pendant quelques minutes à l'huile. Ouvrez vos pommes d'amour transversalement, enlevez-en toutes les graines, pressez-les légèrement sans les déprimer et introduisez-y le hachis. Mettez quelques gouttes d'huile dans chaque pomme d'amour ; placez-les dans un plat au fond duquel vous verserez aussi de l'huile, et faites-les cuire soit au four, soit sur un fourneau, lentement, avec feu dessus et dessous. Vous les servirez dans le plat où elles ont cuit. Les pommes d'amour peuvent être rangées dans le plat à côté l'une de l'autre par moitié, ou recouvertes, une moitié par l'autre, figurant ainsi une pomme d'amour entière. Dans le premier cas il convient de répandre un peu de pain rapé sur les pommes d'amour.

On peut aussi farcir les pommes d'amour au gras. Alors, au lieu du hachis que nous avons indiqué, on le compose avec un rognon de mouton, un morceau de foie, du lard, de l'oignon, du persil, hachés très menu, poivre et sel, et on doit le faire roussir plus long-temps que le hachis au maigre. On mettra au fond de la casserolle, un peu de graisse blan-che en place d'huile.

Aubergines, Concombres et petites Courges farcies.

On procède comme pour les pommes d'a-mour quant au hachis, mais pour les auber-gines, ouvrez-les par moitié longitudinalement, faites-y des entailles carrées depuis l'ouverture jusqu'à l'écorce, saupoudrez-les de sel pilé pour les faire dégorger, laissez-les ainsi pen-dant trois ou quatre heures, mettez-y le hachis après les avoir pressées et faites-les cuire comme les pommes d'amour.

Pour les concombres, vous les pélerez, vous enlèverez les graines et la pulpe intérieure, vous les saupoudrerez de sel pour leur faire rendre l'eau, et vous les laisserez dans cet état pendant deux heures environ. Vous les bourrerez ensuite avec le hachis , en rapprochant bien les extrémités et les cousant au besoin. Après avoir fait roussir les concombres farcis il faut leur donner une légère sauce de coulis de pommes d'amour ou toute autre.

Les petites courges dont nous avons parlé ne sont guère connues que dans le midi de la France. Elles sont de la forme du concombre, mais plus petites et d'une peau plus lisse. Elles sont aussi plus délicates et fort bonnes , accomodées avec les préparations que nous venons d'indiquer. On peut aussi les manger frites , après les avoir pelées, coupées par tranches et laissées imprégner de sel fin pendant deux ou trois heures.

Friture.

Il est quelques poissons de la Méditerannée qui ne se mangent guère qu'en friture. De ce nombre sont la chevrette (*lou carambo*) et la petite sèche (*lou sépioun*). Le premier ne demande qu'à être lavé dans plusieurs eaux , essuyé avec soin , et passé dans la farine. Il faut enlever à l'autre une petite épine longue et transparente qu'il a dans le corps. On peut laisser ou enlever le noir, mais il vaut mieux l'enlever.

On connaîtra que les chevrettes sont cuites quand elles seront entièrement rouges. Les petites sèches, en cuisant, crépitent et sautent dans la poêle. Quand ce bruit et ce mouvement cesseront, elles seront suffisamment cuites.

Règle générale : on ne doit mettre dans la poêle ce qu'on veut faire frire, que quand l'huile, le beurre ou la graisse aura atteint un très-haut point de chaleur. Préférez toujours l'huile pour frire le poisson.

Le Rouget.

Nous avons parlé du rouget au gratin et farci ; mais il est une manière de le manger beaucoup plus simple, et qui est peut-être la meilleure : c'est sur le gril.

Mettez vos rougets en papillotte, c'est-à-dire dans une feuille de papier huilé, avec un peu de sel fin, de rapure de pain et de fenouil. Placez sur le gril à un feu doux et retournez de temps en temps.

Ces rougets se mangent à l'huile et au vinaigre, c'est-à-dire à la poivrade. On épaissit cette sauce et on en rehausse le goût en y écrasant et mêlant bien le foie du poisson qu'on en-

lève en ôtant de dessus le gril. C'est le meilleur assaisonnement qu'on puisse lui donner.

Carbonade de bœuf ou de mouton.

Choisissez, pour l'une ou l'autre, un morceau qui ne soit pas trop gras; si c'est du mouton, un gigot ou une tranche, faites dans votre
viande plusieurs incisions, où vous introduirez
un morceau de gousse d'ail et un morceau de
petit salé. Faites d'abord fondre du lard avec
quelques gouttes d'huile au fond d'un poëlon
ou d'une marmite en terre. Mettez-y votre
viande, faites-la bien roussir et sauter dans
tous les sens, ce qui exige au moins une bonne
demi-heure.

Alors, assaisonnez avec sel, poivre et épices;
ajoutez un oignon coupé par quartiers, une
carrotte et un navet râpés; deux ou trois gousses d'ail, une feuille de laurier, une pomme d'a-
mour et un brin de céleri. Faites sauter le tout
ensemble, et couvrez votre vase le plus hermétiquement possible, vous servant pour cela d'une
assiette pleine d'eau, sur une feuille de papier,
comme nous l'avons expliqué ailleurs. Laissez
cuire dans son jus et à petit feu, pendant trois
ou quatre heures. Avant de servir, dégraissez la
sauce.

Vous pouvez ajouter comme garniture à la carbonade, tous les légumes que nous avons indiqués comme simple assaisonnement. Vous n'aurez pour cela qu'à mettre une quantité suffisante de carrottes, de navets ou de pommes d'amour, selon la garniture que vous voudrez avoir. On peut mettre aussi des haricots secs, des culs d'artichauts, etc. On conçoit que les premiers doivent être préalablement bouillis, les autres blanchis. Les légumes crus doivent être mis deux heures, les haricots demi-heure seulement, avant la parfaite cuisson.

Artichauts à la barigoule.

Nettoyez et coupez vos artichauts de manière à n'y laisser que le placenta, appelé le *cul* et le tendre des feuilles, écartez celles-ci et introduisez-y un peu de sel, de poivre et quelques gouttes d'huile. Rangez-les au fond d'une marmitte, où vous mettrez de l'huile en quantité suffisante, un ou deux oignons coupés par quartiers, un brin de thym, un peu d'ail, une feuille de laurier, du sel et du poivre.

Ne faites pas cuire à trop gros feu, couvrez la marmitte aussi hermétiquement que possible avec une assiette remplie d'eau sur une feuille de papier, et ne négligez pas de faire sauter de temps en temps.

Limaces à la sauce piquante ou à l'Arlaise.

Laissez vos limaces séjourner pendant cinq ou six minutes dans de l'eau où vous aurez jeté du sel et quelques filets de vinaigre ; lavez-les bien de deux ou trois eaux et jusqu'à ce qu'elles ne rendent plus d'écume. Faites-les bouillir à grand feu, avec du sel et du fenouil, et ayez soin de les mettre à l'eau froide. Vous connaîtrez qu'elles sont cuites quand, en les tirant avec la pointe d'une épingle, elles viendront facilement, et se détacheront sans se briser et rien laisser au fond de la coquille. Vous pouvez alors ôter du feu et les faire égoutter. Elles peuvent, dans cet état, être mangées avec l'ailloli.

Pour les mettre à l'arlaise, hachez du persil, de l'ail, de l'oignon, un anchois, ou seulement la moitié, selon la quantité de vos limaces. Faites roussir à demi, avec de l'huile, puis ajoutez de l'eau, du sel, du poivre, et versez de la farine par petites pincées à la fois et en tournant, de manière à donner à cette sauce une consistance de crême. Quand vous en serez là, met-

tez vos limaces bien égouttées, secouez rapidement le poëlon et tournez en tout sens avec la
cuiller pour bien mêler les limaces avec la sauce.

———————

On peut accommoder de la même manière
les moules et les clovisses en les faisant ouvrir
sur le feu, comme nous l'avons dit au pilau,
et se servant de l'eau qu'ils auront rendue, à
laquelle, si elle n'est pas suffisante, on ajoutera
l'eau ordinaire, mais tiède. On mettra les moules et les clovisses dans la sauce avec une de
leurs coquilles.

Thon au gras.

Coupez vingt ou trente gros lardons d'une
longueur égale à l'épaisseur de votre rouelle
de thon, et introduisez-les dans des incisions
que vous ferez de distance en distance; ayez
une casserolle dont la dimension puisse contenir cette rouelle sans la replier ni la couper.
Mettez sur le feu, faites bouillir, écumez et retirez, puis, lavez le thon avec soin à l'eau
froide, et placez-le sur un linge pour le faire
bien sécher.

Garnissez le fond de la casserolle de platines
de lard; placez au-dessus un oignon coupé en
tranches, quelques carottes, une pomme d'a-

mour, un brin de céleri, deux gousses d'ail,
du persil en branches, une feuille de laurier;
mettez votre thon sur ce second lit; assaisonnez avec sel, poivre et épices, mettez sur le
thon quelques feuilles de laitue ronde, quelques
feuilles d'oseille; faites mijoter avec une cuillerée de bouillon; quand il sera réduit, mettez-
en autant, et quand celui-ci sera aussi consumé, mettez un verre de vin blanc. Quand ce
dernier sera réduit à son tour, vous remplirez
la casserole de bouillon en quantité suffisante
pour qu'il recouvre entièrement le thon, mais
ne le dépasse que très-peu, et vous ferez
bouillir pendant une heure, feu dessus et dessous.

Vous pouvez en famille servir le thon avec
la sauce telle que nous venons de la décrire,
et avec tous les accessoires qui la composent.
Si vous voulez la rendre plus délicate et plus
présentable, vous la passerez dans un tamis
pour la réduire en purée ou en coulis, où vous
pouvez ajouter des truffes, des petits pois, des
câpres, des cornichons, des pointes d'asperges,
et autres garnitures du même genre. L'expérience doit vous faire connaître le moment
convenable pour mettre ces divers légumes,
selon la durée de leur cuisson.

Thon à la chartreuse.

Après avoir ébouillanté et blanchi la rouelle de thon, ayez, suivant sa dimension, un ou deux anchois, que vous couperez en douze ou dix-huit morceaux pour introduire dans autant d'incisions pratiquées dans la rouelle. Mettez dans une casserole assez grande pour contenir le thon à plat, un brin de céleri, du persil en branches, la moitié d'un citron pelé et coupé en tranches. Placez le thon sur cette préparation, en assaisonnant avec peu de sel, à cause des anchois, poivre, épices, huile en quantité suffisante pour bien humecter et nourrir le thon, au-dessus duquel vous mettrez deux cœurs de laitue ronde et quelques feuilles d'oseille ; faites roussir pendant un quart-d'heure au plus, puis ajoutez un verre de bon vin rouge, laissez bouillir lentement, pendant deux heures, feu dessus et dessous. Si vous vous apercevez que la sauce diminue un peu trop, allongez-la avec quelques cuillerées d'eau tiède, et servez dans le même plat avec tous ses accessoires.

Thon en sauce blanche.

Apprêtez le thon comme pour les deux préparations précédentes ; c'est-à-dire, blanchir dans l'eau bouillante, écumer, laver à l'eau fraîche et faire sécher sur un linge. Mettez ensuite à la casserolle un anchois haché, un oignon coupé en tranches, quelques carottes, persil en branches, une feuille de laurier, deux gousses d'ail, un brin de céleri, et faites mijoter à l'huile pendant dix minutes. Ajoutez une cuillerée de farine mouillée avec de l'eau tiède. Après demi-heure d'ébullition, passez cette sauce au tamis, remettez-la dans la casserolle avec votre rouelle, et faites bouillir pendant une bonne heure encore. Faites une liaison de deux jaunes d'œufs avant de servir.

Vous pouvez ajouter à cette sauce quelques câpres fines et des petits poids que vous mettez avec le thon quand vous aurez passé la sauce. Si vous vouliez le faire au gras, vous mettriez du petit salé au lieu de l'huile et des anchois, et vous mouilleriez la farine avec du bouillon.

Morue aux épinards.

On prépare les épinards exactement comme nous l'avons indiqué pour les œufs farcis. Quand ils sont aux point où on devrait y mettre les jaunes d'œufs, on y met la morue

préalablement bouillie et dont on a enlevé
soigneusement les épines. On recouvre de
rapure de pain , et on laisse cuire à petit
feu , dessus et dessous , pendant un quart
d'heure.

Morue en sauce blanche.

Mettez dans une casserolle, la moitié d'un
anchois , une gousse d'ail et un peu de
persil hachés ensemble, une feuille de laurier , un peu d'huile ou de beurre et laissez
mijoter un instant ; ajoutez une cuillerée
de farine mouillée avec du lait. Quand l'é-
bullition aura commencée , mettez la morue
qui, bien entendu, sera préalablement bouillie , séparée des épines et cartilages, comme
nous l'avons dit ci-dessus, et brisée en petits
morceaux. Assaisonnez avec sel et poivre, et
laissez cuire à un feu très doux , pendant
une petite demi-heure.

Morue au lait.

Faites bouillir la morue comme nous l'avons
indiqué pour la branlade , vous rappelant
qu'il ne faut pas la laisser sur le feu un
instant de plus que celui où elle entre en
ébullition que vous arrêterez aussitôt , en y
versant un filet d'eau froide. Nettoyez bien

la morue, enlevez soigneusement les épines et les parties cartilagineuses, mettez-la de côté, et d'autre part ayez un assez gros morceau de pain qui aura trempé dans l'eau, pressez-le, emmiettez-le, en le frottant entre les deux mains, dans une casserolle, versez-y du lait, et laissez bouillir jusqu'à ce que ce pain ayant absorbé tout le lait soit presque à sec. Alors mêlez-y la morue taillée en très-petits fragments et brouillez bien le tout en y ajoutant un ou deux blancs d'œuf battus; assaisonnez avec sel, poivre, une pincée de sucre et un peu d'huile. Transportez votre mélange dans un plat à gratin, égalisez-le bien, saupoudrez-le dessus avec de la rapure de pain, et faites cuire feu dessus feu dessous. Inutile d'ajouter qu'il faut servir dans le même plat.

Pois chiches bouillis.

Le pois chiche n'est pas un légume très délicat, mais on le mange quelquefois en salade, et il est peu de tables bourgeoises en Provence, où ce plat n'aparaisse pas le jour des Rameaux. C'est un usage dont il serait difficile de trouver l'origine, mais qui est généralement répandu dans nos contrées. Les bonnes femmes prétendent que leurs enfants auraient

la teigne s'ils ne mangeaient pas des pois
chiches le dimanche qui précède celui de Pâ-
ques. Nous n'avons pas besoin de combattre
cette singulière croyance ; bornons-nous à la
recette pour faire cuire ce légume.

Laissez-le tremper dans l'eau froide pendant douze heures aumoins et ne craignez pas
de le submerger, parce qu'en se gonflant il
absorbe l'eau. Quand vous voudrez faire cuire
mettez vos pois dans une marmitte sur laquelle
vous placerez un linge avec deux ou trois cuillerées de cendre. Vous verserez dessus de l'eau
bouillante qui entraînera avec elle les molécules les plus ténues de la cendre , et vous
ferez bouillir vos poids dans cette eau. Quand
ils seront à peu près cuits , vous les laverez à
l'eau chaude , et finirez de les faire bouillir en
remplaçant l'eau imprégnée de cendre par de
l'eau ordinaire , mais toujours chaude. Vous
aurez attention de ne les saler que quelques
instants avant leur parfaite cuisson que vous
arrêteriez si vous mettiez du sel trop tôt. On ne
peut guère déterminer le temps pendant lequel il faut laisser les pois chiches sur le feu.
Cela dépend de leur qualité plus ou moins
bonne et la même observation s'applique aussi
à tous les légumes secs. Mais tout le monde
est à même de reconnaître aisément le point

où ils sont parvenus à un dégré de cuisson convenable. En règle générale , quand les *légumes secs* sont cuits , il faut les égoutter, les couvrir et les laisser encore quelques minutes sur un feu très doux. Il en est de même pour les pommes de terre bouillies.

Remoulade.

La remoulade dont nous allons donner la recette n'est pas la même que celle qui est généralement usitée, et où il entre surtout de la moutarde. Voici comment se fait la nôtre :

Mettez dans un mortier la moitié d'un oignon de médiocre grosseur, du persil, des capres, un morceau de mie de pain trempé de la grosseur d'une petite noix, un anchois et pilez. Comme ces substances doivent être réduites en pâte très fine, vous ferez bien de ne les mettre dans le mortier que l'une après l'autre et ne les piler que successivement.

Quand elles seront bien pilées et mêlées , vous y ajouterez un jaune d'œuf et vous tournerez avec le pilon comme pour faire l'ailloli , versant de l'huile par petils filets jusqu'à ce que vous ayiez obtenu la quautité de remoulade que vous désirez avoir.

On mange avec cette sauce qni , moins forte que l'ailloli , n'en est pas moins fort appetis-

sante, les poissons frits, quelquefois les légumes et surtout les viandes froides.

Nota. Le mouvement prolongé du pilon et
la chaleur que ce mouvement occasionne,
donne au jaune d'œuf une espèce de coction,
Il est cependant des personnes qui éprouvent
une certaine répugnance à goûter un mets
dans lequel entre un jaune d'œuf cru. Pour
les mettre à leur aise, nous leur dirons qu'on
peut sans inconvénient faire cuire l'œuf à la
coque, on obtiendra du jaune le même résultat, pourvu toutefois qu'on ne le laisse pas
durcir. la même observation s'applique à la
manière de faire l'aillioli. ou comme nous l'a-
vons dit on se sert aussi d'un jaune d'œuf. On
peut le mettre à la coque, mais on doit rester plutôt en deça de la cuisson que la dépasser. Au
surplus, nous indiquerons plus loin la manière
de cuire les œufs à la coque.

Oreillettes.

Prenez une livre de farine. Après en avoir
formé une pâte compacte et aussi ferme au
moins que celle du pain au moment où on le
met au four, ajoutez-y trois ou quatre jaunes
d'œuf, un quarteron de sucre, un zest de
citron, un peu d'eau de fleur d'oranger, et
pétrissez, manipulez bien et pendant long-

temps le tout pour le mêler et le rendre compact. A cet effet vous mettrez votre pâte sur une table de cuisine ou une planche à hacher bien propres et que vous couvrirez d'un peu de farine pour que la pâte ne s'y attache pas. Vous la tournerez en plusieurs sens, soit avec les mains soit avec une spatule et continuerez à la pétrir ainsi, après quoi vous la mettrez dans une soupière et la laisserez reposer pendant une heure au moins.

Vous en détacherez ensuite des morceaux de la grosseur d'un œuf, et au moyen du rouleau, sur la planche à hacher, vous les applatirez en lames bien minces, ayant toujours soin de mettre un peu de farine entre le bois et la pâte. On ne doit pas s'en tenir à une seule fois pour cette opération, mais la recommencer à plusieurs reprises, en repliant sur elles mêmes et passant de nouveau sous le rouleau, les lames qu'on aura formées. Quand elles seront enfin saffisamment applaties, suffisamment roulées, on les taillera en rubans que l'on mettra à la poêle et toujours dans l'huile bouillante, où elles doivent plonger en entier.

Ce sont des beignets très délicats et très légers et qui, avant d'être servis, doivent être, comme les autres, saupoudrés de sucre blanc.

Préparation et Conservation

DE QUELQUES SUBSTANCES APPARTENANT A LA PROVENCE.

Thon mariné.
Maquereau mariné.
Sardines conservées à l'huile.
Rougets, filets de Maquereaux conservés à l'huile.
Anchois et Sardines.
Olives à la picholine.
    noires.
    farcies.

Conserve de Pommes d'amour.
Poivrons confits au vinaigre.
Capres.
Confiture de ménage.
Raisins secs.
Raisins pendus.
Figues sèches.

PRÉPARATION ET CONSERVATION

de diverses substances alimentaires

APPARTENANT A LA PROVENCE.

Il est plusieurs de nos produits qui, préparés par des industriels dont ce genre de commerce fait la seule existence, vont stimuler le palais blasé des habitants du Nord. Les saleurs de profession font grand mystère de leurs procédés, et peut-être, en effet, faut-il plus de soins pour des préparations en grand, et destinées à parcourir de longues distances que pour celles qui ne doivent servir qu'à la modeste consommation d'une famille et de quelques amis. Nous devons donc nous borner à celles-ci, car nous n'écrivons pas pour la spéculation, mais pour l'aise et le confortable du ménage. Nous allons donc donner les moyens de prolonger, longtemps après leur saison, les jouissances gastronomiques de quelques-uns de nos produits indigènes.

Thon mariné.

Faites dégorger le thon dans de l'eau fraîche pendant cinq à six heures ; essuyez-le bien et mettez-le dans une casserolle avec de l'eau qui le recouvre en entier. Ajoutez une once de sel par livre de thon, quelques feuilles de laurier, un peu de fenouil, un peu de coriandre. Faites bouillir pendant trois ou quatre heures. Vous jugerez qu'il est suffisamment cuit, quand les épines se détacheront d'elles-mêmes. Alors retirez-le doucement sans le briser, et laissez-le sécher pendant quarante-huit heures sur une petite claie d'osier, déposée dans un lieu sûr, mais non au soleil. Enlevez la peau, les épines et le noir, essuyez bien, et mettez les morceaux dans un pot de terre ou de verre, que vous remplirez de bonne huile couvrant entièrement le thon. Bouchez le pot avec un morceau de parchemin, aussi hermétiquement que possible.

Maquereau mariné.

On procède de la même manière que pour le thon. Mais il faut le nettoyer, le laver avec soin, et ne le faire bouillir que pendant une bonne demi-heure à un feu violent et à gros bouillon. Il est moins recherché, moins fin

que le thon, mais c'est une excellente provision de ménage.

Sardines conservées à l'huile.

Choisissez flos sardines aussi belles et aussi
fraîches que possible, et préférez celles des
mois d'avril et mai ou octobre, qu'on appelle
poisson de saison. Enlevez la tête et les tripes,
essuyez le reste soigneusement avec un linge,
et placez-le dans un plat avec autant de sel
pilé que si vous vouliez le saler. Laissez ainsi
mariner les sardines pendant une demi-journée.
Elles rendront une eau que vous égoutterez, et
vous les mettrez entre deux linges pour les sécher parfaitement. Mettez-les ensuite dans une
poêle avec beaucoup d'huile, qui doit être
bouillante quand vous mettrez le poisson, et
n'oubliez pas qu'elles doivent être entièrement
immergées, et que, par conséquent, il ne faut
pas en mettre une trop grande quantité à la fois.

Quand vous jugerez vos sardines suffisamment cuites, et elles le seront, si, en les prenant avec les doigts par une extrémité, elles ne
fléchissent pas, vous les souleverez légèrement
avec une écumoire, et les placerez sur un linge
bien propre pour faire écouler et sécher toute
l'huile dont elles sont imprégnées. Deux heures
suffisent à peine pour cette opération. Pour peu

que votre quantité de poisson soit considérable, vous serez obligé de recommencer la friture à plusieurs reprises, car, comme nous l'avons dit, il faut éviter de l'entasser.

Lorsque les sardines seront bien sèches et tout-à-fait refroidies, mettez-les par rangs dans un pot ou dans une boîte de fer blanc, avec de la bonne huile, qui, bien entendu, doit être vierge, c'est-à-dire ne pas avoir servi à la friture. Il est superflu d'ajouter que le pot ou la boîte doivent être fermés aussi hermétiquement que possible, et le poisson préservé du contact de l'air.

Les saleurs laissent ordinairement la tête à la sardine. Nous conseillons de l'enlever, parce qu'on ne la mange pas, qu'elle communique un mauvais goût au poisson, et consomme de l'huile inutilement.

Rougets, Filets de Maquereaux conservés à l'huile.

Opérez de la même manière que pour les sardines.

Anchois et Sardines salés.

Prenez autant que possible du poisson du mois de mai, enlevez les têtes et mettez dans un grand plat avec beaucoup de sel à demi pilé. Laissez là le poisson pendant une journée entière, pour qu'il rende toute son eau ; ayez alors dans un plat séparé du sel à demi pilé, auquel vous mêlerez un peu de cinabre, en quantité suffisante pour donner au sel et au poisson une couleur rouge. Mettez au fond d'un pot ou d'un petit baril en bois une couche de sel coloré, placez ensuite un lit de poissons bien pressés l'un contre l'autre, et queue contre tête. Un lit de sel, un lit de poissons, et ainsi de suite jusqu'à l'extrémité du pot, mais en pressant bien, et terminant toujours par un lit de sel. Vous aurez le soin de mettre sur le tout une petite planche égale à la circonférence du vase, et de la charger d'un poids assez fort pour presser le poisson sans l'écraser.

Après quelques jours, vos anchois ou sardines auront rendu une quantité considérable d'eau, qu'il faut laisser, et qui est la saumure. Mais au-dessus surnagera une huile qu'il faut enlever avec soin, et qui donnerait au poisson un goût de rance, s'il ne le gâtait pas entièrement.

Si vous voulez précipiter la salaison, un mois après l'opération que nous venons d'expliquer, exposez le pot ou le baril aux rayons du soleil pendant quelques jours, la chaleur

hâtera le moment où* le poisson pourra être
bon à manger. Dans tous les cas, ayez soin
qu'il ne manque jamais de saumure ; et si elle
venait à diminuer, ajoutez-en. Pour cela, faites
fondre du sel dans l'eau bouillante, en aussi
grande quantité que celle-ci pourra en dissoudre. Vous verserez sur votre poisson cette dis-
solution quand elle sera refroidie.

Olives à la picholine.

Pour un demi-décalitre d'olives que vous
choisirez belles, saines et vertes encore, prenez
une mesure égale de cendres de four ou de
ménage. Mettez-la toute dans une jarre, et remuez avec une cuiller de bois ou spatule, de
manière à former avec l'eau et la cendre une
pâte qui n'ait pas cependant une trop forte
consistance. Laissez reposer pendant vingt-
quatre heures, mais dans cet intervalle, remuez
cinq à six fois pour mêler les olives et faire
descendre au fond celles qui sont au-dessus.

Vous reconnaîtrez que les olives ont assez
resté dans cette lessive en en prenant une entre les doigts et y enfonçant l'ongle du pouce.
Si la chair se détache facilement du noyau,
c'est assez, et vous pouvez les retirer. Dans le
cas contraire, laissez-les jusqu'à ce que vous

obteniez ce résultat, qui dépend principalement de la qualité des cendres.

Quand vous l'aurez obtenu, enlevez vos olives, lavez-les à plusieurs eaux pour faire disparaître toute trace et toute odeur des cendres, faites-les tremper pendant huit ou neuf jours dans l'eau fraîche, que vous changerez toutes les vingt - quatre heures. Elles auront alors perdu leur amertume, et pourront être mises dans la préparation, dont voici la recette :

Mettez dans un vase à faire bouillir, une quantité d'eau suffisante pour immerger vos olives, du sel, un peu de coriandre, quelques feuilles de laurier, quelques branches de fenouil. Faites bouillir pendant un quart-d'heure, laissez refroidir, et mettez cette sauce avec vos olives, qui, trois ou quatre jours après, seront bonnes à manger.

Olives noires[85]

Cueillez les olives en maturité, choisissez les grosses et avec beaucoup de pulpe, piquez-les l'une après l'autre avec une épingle, et pour que cette opération aille plus vite, fixez plusieurs épingles à l'extrémité d'un bouchon de liège, de manière à n'avoir à donner que deux coups au plus à chaque olive. Mettez-les dans un vase avec du sel à demi-pilé ;

remuez-les tous les jours, et tous les jours versez l'eau qu'elles auront rendue. Ne les remuez
pas, cependant, avec la cuiller ni avec la
spatule, mais contentez-vous de les faire sauter dans le vase. Il vaut mieux les mettre dans
un panier d'osier tressé largement : l'eau s'en
écoule d'elle-même, et l'on ne craint pas de
meurtrir les olives, qu'il ne faut pas négliger,
toutefois, de remuer de temps en temps,
comme nous venons de le dire. Vous pouvez,
dans l'intervalle, ajouter un peu de sel.

Quand les olives auront cessé de rendre de
l'eau, vous les retirerez, vous les mettrez
dans un autre pot avec de la bonne huile, du
poivre et un clou de girofle. Il ne faut pas
oublier de les remuer chaque fois que vous en
prendrez

Olives farcies.

Vous préparez vos olives à la picholine,
comme nous venons de l'indiquer, en observant toutefois, de choisir pour celles qui sont
destinées à être farcies, les plus grosses et les
plus en chair. Quand elles sont entièrement
préparées et bonnes à être mangées, on les
fend longitudinalement, on en extrait le
noyau, et on le remplace par une capre, un

petit morceau d'anchois et un petit morceau de thon mariné.

On met ensuite les olives dans un bocal de verre, et on y ajoute de l'huile, où elles doivent être complètement immergées. Cette huile ne saurait être trop épurée, car les olives farcies deviennent rances plus promptement encore que celles qui sont simplement à la picholine, à cause du mélange qui remplace le noyau.

Cette préparation, au surplus, se fait rare-ment dans les maisons bourgeoises. Elle exige, comme on a pu le reconnaître d'après ce que nous venons de dire, beaucoup de soins et donne beaucoup de peine. C'est d'ailleurs un mets succulent.

Conserve de pommes d'amour.

Choisissez vos pommes d'amour bien mûres, bien saines, et, autant que possible, par un temps sec ; lavez-les, ou préférablement es-suyez-les bien avec une serviette pour enlever la terre ou la poussière qui pourraient y être attachées; coupez-les transversalement, ôtez-en les graines et pressez-les légèrement. Met-tez-les sur le feu dans une casserolle ou poêlon de terre; faites-les bouillir pendant une heure au moins, en les remuant de temps en temps.

Quand elles seront fondues passez-les à travers
un tamis où il ne reste absolument que les
peaux et les graines qui auraient pû demeurer
après l'expulsion. Remettez le reste sur le feu
et faites réduire, en ajoutant un peu de sel,
jusqu'à ce que ce coulis forme une pâte assez
compacte. Ne négligez pas , pendant la cuisson , de le remuer fréquemment avec une
cuiller de bois, pour l'empêcher de prendre
au fond. Quand il aura acquis la consistance
convenable , laissez-le refroidir et mettez-le
dans des pots, en plaçant au déssus deux ou
trois lignes de saindoux. Couvrez les pots
hermétiquement avec du parchemin et du
papier huilé.

Si vous voulez obtenir cette conserve en
tablettes , après avoir procédé comme nous
venons de l'expliquer, vous laisserez réduire le
coulis au feu autant que possible, puis l'éten-
dant sur une plaque de tôle, vous l'exposerez
au soleil jusqu'à ce qu'il soit suffisamment soli-
difié. Alors vous le couperez en tablettes que
vous placerez dans une boite ou dans du papier
Un morceau de ces tablettes de la grosseur
d'une amende suffira pour colorer les sauces et
leur donner du goût.

Poivrons confits au vinaigre.

C'est une opération des plus simples : après avoir cueilli les poivrons verts encore, on les laisse sécher pendant cinq ou six heures et on les met dans un bocal avec du bon vinaigre où ils doivent être complètement immergés. Après quinze à vingt jours il faut changer le vinaigre, parce que les poivrons rendent toujours une eau qui les dénature. On peut ajouter avec le second vinaigre quelques gousses d'ail et un bouquet d'herbes aromatiques. Ces poivrons ainsi préparés et conservés se mangent avec le bouilli, peuvent servir d'assaisonnement aux sauces piquantes, remplacent les cornichons et valent mieux, au goût de beaucoup de personnes.

On conserve aussi des poivrons que l'on cueille après leur maturité, c'est-à-dire quand ils sont tout-à-fait rouges. Il suffit, pour leur conservation, de les exposer au soleil, pendant une heure après les avoir cueillis, pour achever leur dessiccation, et de les suspendre dans un coin de la cuisine, au bout d'une ficelle. C'est un assaisonnement dont les Espagnols font grand cas, mais peu usité en Provence, et que nous ne saurions recommander. Il est sans saveur,

sans arôme et ne remplace qu'imparfaite-
ment le poivre.

Capres.

On les prépare et on les conserve comme
les poivrons, mais il est superflu de changer
le vinaigre qu'on y a mis la première fois,
parce qu'elles ne rendent pas d'eau comme
le poivron.

La capré joue un grand rôle dans la cuisine provençale. Elle entre dans toutes les
sauces piquantes , dans les sauces blanches
et dans une foules de préparations culinaires.
Sa conservation n'est donc pas d'une médiocre
importance.

Confiture de ménage au moût de Raisin.

Vous prendrez le moût dans la cuve ,
avant qu'il ait commencé à fermenter. Vous
le mettrez dans une grande chaudière en terre
ou en cuivre, mais la première est préférable
parce que celle en cuivre s'oxide facilement
et peut entraîner des accidents. Vous ferez
bouillir ce moût à grand feu jusqu'à ce qu'il
ait diminué d'un tiers, ayant soin de l'écumer constamment pour le purifier et en enlever les parties hétérogènes , les peaux de

raisin et les pépins qui y seront restés. Alors vous pourrez y mettre vos fruits.

Ces fruits auront été préparés d'avance. Ce sont des écorces de melon dont vous aurez enlevé la pellicule, des coings, des poires pelées dont vous aurez enlevé le cœur et les pépins et coupés en deux ou en quatre, des pêches dures que vous conserverez entières, des écorces d'orange, des cédrats pelés ou dépouillés de leur première écorce au moyen de la râpe. Gardez-vous d'y ajouter, comme font quelques personnes, des écorces de pastèque, des figues ou des fruits mous. Vous ferez blanchir ces fruits à l'eau bouillante, et vous y laisserez un peu plus longtemps les oranges et les écorces d'orange. Ne mettez pas une trop grande quantité de ces dernières, elles donneraient un goût âcre à la confiture. Une quantité médiocre fait fort bien, et est indispensable, une trop grande quantité nuit en dépassant le but.

Après avoir mis vos fruits dans le moût, faites bouillir jusqu'à ce qu'il ait diminué de moitié, c'est-à-dire réduit à un tiers de ce que vous aviez mis en principe, et continuez à écumer légèrement pour enlever ce qui pourrait rester de corps étrangers dans le moût, ou se trouver dans les fruits. Otez

alors du feu , et laissez dans la chaudière jusqu'à parfait refroidissement. Placez votre confiture dans des pots de terre ou de verre,
et préservez-la soigneusement du contact de
l'air.

Raisins secs ou Panses.

Choisissez des raisins à grains durs , secs
et espacés autant que possible. Les olivettes
peuvent servir, mais les panses doivent être
préférées.

Faites une lessive très-forte avec de la cendre
de cuisine, que vous aurez passée au tamis,
faites-la bouillir pendant deux heures , et laissez-la reposer vingt-quatre. Coulez-la lentement dans un vase pour laisser la cendre au
fond, et faites-la bouillir de nouveau. Pour juger
si la lessive est à point , trempez-y une grappe
de raisin. Si les grains se flétrissent aussitôt ,
vous pouvez continuer votre opération ; et
tremper vos grappes successivement, les laisser
dans la lessive pendant une minute, les tremper
après dans de l'eau fraîche pour les dépouiller
de l'odeur des cendres, et les pendre à l'ombre
dans un lieu sec pour les faire sécher. Vous les
mettrez ensuite dans des boîtes.

Raisins pendus.

On réserve ordinairement, pour pendre, les raisins appelés en provençal *pansos*, les *olivettes* et ceux qui ont un grain dur et solide. Il faut les cueillir par un temps sec, les choisir, autant que possible, à grains espacés les uns des autres, et les laisser exposés au soleil, sur une claie, pendant cinq ou six heures. On les attache ensuite à une ficelle, en observant que les groupes ne se touchent pas entre eux et que les grains soient éparpillés autant qu'on pourra obtenir ce résultat. On pend ces grappes au plancher, dans un endroit très-sec, en évitant qu'elles touchent les murs, et on enlèvera, en les visitant de temps à autre, les grains qui commencent à fermenter ou à se pourrir. Les raisins se conservent ainsi jusqu'à la fin de décembre, et même plus tard, s'ils ont été cueillis et préparés avec les précautions convenables.

Figues sèches.

La manière de sécher les figues est trop simple, et surtout trop connue dans nos contrées, pour que nous devions entrer dans beaucoup de détails à cet égard. Ce sont, en général, les grands propriétaires qui s'en occu-

pent seuls ; cependant, comme il est de petits
ménages qui sont bien aises de conserver pour
l'hiver les fruits de quelques figuiers, nous
croyons devoir leur indiquer la manière d'y
procéder.

Cueillir les figues au moins une heure après
le lever du soleil ; les étendre éparses sur des
claies en cannes, et les retourner deux ou
trois fois pendant la journée ; les rentrer dans
un endroit sec une heure avant le coucher
du soleil ; continuer ainsi pendant plusieurs
jours jusqu'à ce qu'elles soient parfaitement
sèches, séparer alors les qualités, applatir les
plus belles avec l'index et le pouce, et les mettre dans des boîtes ou caisses.

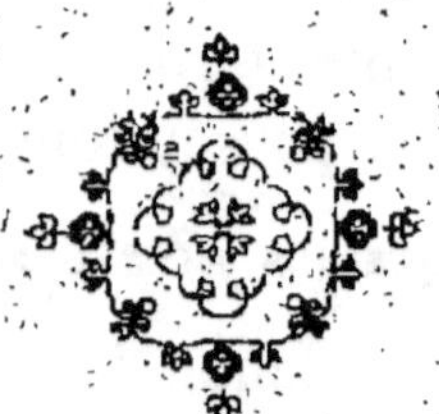

SECONDE PARTIE.

CUISINE BOURGEOISE.

MANUEL
DE LA CUISINIÈRE
Provençale.

<hr>

Seconde Partie. — Cuisine Bourgeoise.

<hr>

Après avoir fait connaître toutes les ressources, toute l'excellence de la cuisine provençale, nous n'avons pu oublier que nous écrivons pour tous les goûts, et que s'il est absurde d'être exclusif en quelque genre que ce soit, il serait plus qu'absurde de l'être en fait de gastronomie.

Nous venons donc ajouter aux recettes des produits et des préparations qui appartiennent exclusivement à nos contrées, celles qui sont en usage à peu près partout, en rappelant à nos lecteurs toutefois que nos préceptes s'appliquent plus particulièrement à la cuisine et à l'office bourgeois. Les hôtels ont des *chefs*, qui, pour la plupart, sont profès dans leur art.

Nous commencerons cette seconde partie par un aperçu sur les ressources que chaque saison offre à la table. C'est à l'artiste habile à savoir profiter des richesses qui abondent à certaines époques, à corriger par ses talents l'insuffisance ou la stérilité de quelques autres. Heureusement nous nous adressons à des lecteurs méridionaux, et nos riantes contrées, notre beau climat sont fertiles en ressources pendant tout le courant de l'année, sauf un court espace de temps, durant les plus fortes chaleurs.

Calendrier de la Cuisinière.

Si l'on voulait énumérer les substances alimentaires qui apparaissent dans les différentes saisons, il faudrait faire un travail particulier pour chaque contrée. Outre que ces substances sont d'une nature toute différente selon le climat et l'exposition des terrains, celles qui sont de la même nature, par des raisons semblables, n'apparaissant pas dans toutes les contrées à la même époque. Ainsi, les petits pois ont déjà disparu en Provence, que l'on commence à peine à les goûter à Paris et dans le nord.

D'ailleurs, les aliments, nous l'avons déjà dit, n'ont pas la même saveur dans toutes les localités. Tel poisson pêché dans de certains parage, est excellent, dont le congénère, pris

dans d'autres endroits , n'a qu'un goût insi-
pide.

En donnant un aperçu des mets que pré-
sentent les différentes saisons, nous avons donc
principalement en vue les contrées méridiona-
les de la France , où tous les produits sont
plus hâtifs, et en général meilleurs que dans
le nord.

Printemps.

En commençant par le printemps, qui, il
faut le dire, n'est pas autant la saison de la
gastronomie que celle des amours , nous ne
mentionnerons ni le bœuf ni le mouton, dont
l'usage se prolonge pendant toute l'année, mais
nous citerons, en fait de viande de boucherie,
l'agneau et le veau , qui ne se mangent guère
qu'à cette époque.

En volaille, les poulets, les canetons , les
oisons et les pigeons.

En gibier, viennent les cailles , les culs
blancs ; les levreaux et les lapereaux. Mais
n'oublions pas un dicton dont l'expérience a
prouvé l'utilité. C'est que pendant les mois où
il n'entre pas la lettre R, c'est-à-dire mai, juin,
juillet et août, il faut entièrement renoncer aux
huîtres et être très-sobre sur le gibier.

En légumes, nous avons les petits pois, les

fèves, les artichauts, les asperges, les cardes
qui sont dans leur primeur et leur excellence.

En poissons, les sardines et les maquereaux
abondent ; les oursins, les clovisses se pêchent
en abondance, et les autres produits de la mer
ne diminuent ni en nombre ni en saveur.

En herbes potagères, l'oseille et les épinards
nouveaux, le cerfeuil, les radis, etc.

En fruits, nous avons déjà les amandes vertes, les fraises, les cerises et quelquefois les
abricots.

L'Été.

C'est à peu près la morte saison de la gastronomie en Provence. Des chaleurs quelquefois excessives énervent l'appétit le plus vigoureux, et les produits de la nature, en général,
n'ont pas acquis encore toute leur perfection.
L'artiste culinaire doit donc redoubler d'efforts
pour parer à ces inconvénients.

Quant aux viandes de boucherie, on sait que
pendant cette période, il est difficile de les
conserver longtemps, et qu'on est obligé de les
manger ou trop ou trop peu mortifiées.

Les poissons et les coquillages consolent de
cette absence, mais il faut les manger en les
sortant de l'eau.

Le gibier commence à paraître. Le levreau,

le lapereau, la perdrix garnissent les marchés ;
mais la lettre r n'entre pas dans les mois qui
composent l'été, et l'on n'a pas oublié le dicton. La volaille commence aussi à donner. Les
poulets des premières couvées du printemps
sont déjà bons à manger, et le coq vierge apparaît avec honneur comme plat de rôti. Mais
la virginité est difficile à conserver, surtout
chez les coqs.

Les légumes jouent encore un rôle assez important. Les fèves, les petits pois sont déjà trop
durs : mais il reste encore les haricots verts, les
concombres, les choux-fleurs, les asperges, et
la savoureuse pomme d'amour, dans toute son
abondance et sa maturité, entre partout, soit
comme plat et farcie, soit comme accessoire et
garniture.

Mais les fruits surtout compensent peut-être
à eux seuls tout ce qui manque des autres produits gastronomiques. Les fraises ont à peu
près disparu, mais les dernières cerises se
montrent encore, escortées par les abricots, les
pêches, les melons et la rafraîchissante pastèque. Bientôt aussi les premières figues, les raisins, les grenades, les noix, nous offrent d'a-
bondants et savoureux desserts.

L'Automne.

Voici le temps des plaisirs de la table et des délassements de la chasse. Les pluies d'automne suivent les vendanges, amènent un temps plus frais et le gibier.

La viande de boucherie a repris toute sa saveur.

Le poisson et le coquillage abondent, et peuvent maintenant se conserver un peu mieux. Le thon, bœuf de la mer, nous fournit des plats substantiels et succulents.

Si les légumes frais ont disparu, ils sont avantageusement remplacés par toutes les salades, entre autres, la blanche endive, qui accompagne si avantageusement le rôti, et la pomme d'amour n'a rien perdu de ses avantages.

La grive, le pigeon, le cul blanc, le rouge gorge et tous les oiseaux de passage viennent s'abattre sous les filets, tomber sous le plomb et bientôt paraître sur nos tables.

Mais c'est surtout la saison des fruits et l'époque où il faut songer à la conservation de ceux qu'on veut réserver pour l'hiver. L'apparition des châtaignes aura sans doute rappelé qu'il est temps de songer à ce soin, comme les ven-

danges auront indiqué le moment de procéder
à la confection des confitures et conserves.

L'Hiver.

En hiver, les jours sont courts et se prolon-
gent par les plaisirs de la table. La sage nature
y a pourvu, et l'expérience l'a secondée en
conservant et améliorant la plus grande partie
des produits qu'elle nous donne dans les autres
saisons.

Viande, gibier, poisson, volaille, tout est
excellent, tout abonde, et tout paraît meilleur
encore, assaisonné par l'appétit que le froid
redouble.

C'est pendant cette saison qu'arrive le jour
fatal, la Saint-Barthélemy des dindons; la Noël!
jour si cruel à la volaille, si cher aux enfants, et
que ne dédaignent pas les personnes les plus
raisonnables et les plus sensées. Il amène une
semaine entière de fêtes, pendant lesquelles
toutes les boutiques de comestibles sont des palais, tous les magasins de confiseurs sont des
temples où, au milieu des friandises les plus
délicates, apparaît le nougat, qu'on ne fait bien
qu'en Provence.

Le jour de l'an suit de près la Noël; le jour
des rois ne tarde pas à nous apporter ses gâ-

teaux ; le carnaval arrive bientôt après , prolonge la bonne chère, et contribue puissamment à faire de l'hiver la saison la plus chère aux gourmands.

DISPOSITION

Du service à plusieurs nombres de couverts.

Nous n'avons pas cru devoir donner , dans les indications suivantes , la disposition d'un service au‑dessous de dix couverts. On pourra aisément y suppléer. Quant à la désignation des plats que nous donnons pour les diverses parties du service , on conçoit qu'il est facultatif de les remplacer par des plats du même genre, choisi parmi ceux dont nous donnons la recette ou tous autres.

TABLE

De douze couverts à dîner.

PREMIER SERVICE.

2 Potages.
1 Pièce de bœuf pour le milieu.
2 Hors-d'œuvres.
1 Potage aux herbes.
1 Potage au riz.
1 Hors-d'œuvre de raves.
1 Hors-d'œuvre de beurre.

SECOND SERVICE.

Laissez la pièce de bœuf au milieu, et mettez à la place des deux potages et des deux hors-d'œuvres.

4 Entrées.
1 De riz de veau aux truffes.
1 De côtelettes de mouton.
1 De canards.
1 D'une poularde à la bourgeoise.

TROISIÈME SERVICE.

2 Plats de rôts.
5 Entremets.
2 Salades.

1 D'un levreau.
1 De 4 petits pigeons de volière.
1 Entremets pour le milieu d'un pâté.
1 D'une crême glacée.
1 De choux-fleurs.

QUATRIÈME SERVICE.

Dessert.

Pour le milieu, une jatte de fruits crus.

1 Compôte de pommes à la Portugaise.
1 Compôte de poires.
1 Assiette de gaufres.
1 Assiette de marrons.
1 Assiette de gelée de groseilles.
1 Assiette de marmelade d'abricots.

TABLE

De dix couverts à souper.

PREMIER SERVICE.

1 Potage pour le milieu, si vous le jugez à
   propos.
1 Pièce de viande de boucherie à la broche,
   pour relever le potage.
   2 Entrées.
   2 Hors-d'œuvre.

1 Entrée d'une tourte de godiveau.
1 D'une poularde entre deux plats.
1 Hors-d'œuvre d'un lapin en coulis de lentilles.
1 Hors-d'œuvre de trois langues de mouton en papillotte.

SECOND SERVICE.

2 Plats de rôts.
3 Plats d'entrée.
1 De deux lapereaux.
1 De deux poulets.
1 Entremets de petits gâteaux.
1 De petits pois.
1 De crême brûlée.

TROISIÈME SERVICE.

Fruits.

7 Assiettes de fruits.
1 Jatte de gaufres pour le milieu.
1 Assiette de fraises.
1 De compôte de cerises.
1 De crême fouettée.
3 Assiettes de confitures différentes.

TABLE

de quatorze couverts, et qui peut servir pour vingt à dîner.

PREMIER SERVICE.

Pour le milieu un sur-tout qui reste pour tout le service.

Aux deux bouts deux potages.

4 Entrées pour les quatre coins du sur-tout.

1 D'une tourte de pigeons.
1 De deux poulets.
1 D'une poitrine de veau.
1 D'une entrée de bœuf.

6 Hors-d'œuvre pour les deux flancs et les quatre coins de la table.

1 De côtelettes de mouton sur le gril.
1 De palais de bœuf nus.
1 De lapin.
1 De choux-fleurs.

2 Hors-d'œuvre de petits pâtés friands pour les deux flancs.

SECOND SERVICE.

2 Relevés pour les deux potages.

1 D'une pièce de bœuf.
1 D'une longe de veau à la broche.

TROISIÈME SERVICE.

Rôts et entremets à la fois.

4 Plats de rôts aux quatre coins
du surtout.

1 D'une poularde.

1 De trois perdreaux.

1 De dix-huit moviettes.

1 D'un caneton.

2 Salades pour les fleurs.

Entremets pour les deux bouts.

1 d'un gâteau de viande.

1 D'un pâté froid.

4 Petits entremets pour les 4 coins.

1 De beignets de crême.

1 De petits haricots verts.

1 De truffes.

1 D'une tourte de gelée de groseilles.

QUATRIÈME SERVICE.

Dessert servi à douze.

Pour les deux bouts du sur-tout.

2 Grandes jattes de fruits crus.

Pour les deux flancs.

2 jattes de gaufres.

Pour les quatre coins du sur-tout.

4 Compôtes de fruits différents.

Pour les 4 coins de la table.

4 Assiettes de confitures différentes.

DES POTAGES.

Pot-au-feu.

Prenez la viande la plus saine et la plus fraîchement tuée, pour qu'elle donne plus de goût à votre bouillon ; la plus succulente est la tranche, la culotte, les carbonnades, le milieu du trumeau, le bas de l'aloyau et le gîte à la noix ; les pièces les plus propres à servir sur la table, sont la culotte et la poitrine du bœuf. Ne mettez du veau dans votre bouillon que pour quelque cause de maladie et pour le rendre rafraîchissant. Quand votre viande est bien écumée, salez votre bouillon, mettez dans la marmite carottes, navets, poireaux, céleri, racine de persil, laurier, clous de girofle, ail et oignon brûlé; faites bouillir doucement pendant cinq ou six heures, passez-le ensuite dans un tamis. Laissez reposer votre bouillon, ou pour en faire une soupe grasse, ou pour tout autre potage gras, ou enfin pour vous en servir à ce que vous jugerez à propos.

Manière de faire un bon bouillon.

Prenez un bon morceau de viande coupé carrément autant que possible, mettez-le dans une marmitte à l'eau froide, et quand l'ébullition commencera, écumez avec soin, et ensuite salez légérement. Après une bonne demi-heure d'ébullition vous aurez un bouillon assez substantiel, ce que vous n'obtiendrez pas en mettant la viande à l'eau bouillante.

Si votre intention n'est que de faire un bon bouillon et de ne pas servir la viande, il vaut mieux la couper en petits morceaux.

Il serait encore très-essentiel de concasser des os de rôti qui pourrait même être de la veille, de les envelopper dans un sachet de toile et de les faire ainsi bouillir avec la viande.

Le bœuf donne le meilleur bouillon. Celui de veau est sans couleur, et de peu de goût, mais bien concentré il est excellent pour les malades. Celui de mouton a souvent une odeur de laine désagréable.

Le chapon et le pigeon donnent au contraire une excellente saveur au bouillon, mais il faut les réunir avec la viande de boucherie. La viande mortifiée donne un bouillon très faible. Si on la lave, bien qu'elle soit fraiche, elle perd de sa saveur.

Vous mettrez un litre d'eau par livre de viande, vous ne ferez pas bouillir trop vite, et vous entretiendrez un feu doux, de manière à ce que l'ébullition ne s'arrête pas. Après avoir écumé vous mettrez quelques herbes selon votre goût, mais toujours un oignon rôti, piqué d'un ou deux clous de girofle. Quatre heures doivent suffire pour parfaire le bouillon.

Si vous voulez le conserver plusieurs jours, vous le ferez bouillir matin et soir. Mais comme chaque ébullition tend à le concentrer, vous le salerez très-peu la première fois. N'oubliez jamais dans vos opérations culinaires qu'il est toujours temps d'ajouter du sel, mais qu'on ne peut l'enlever qu'au grand détriment de la saveur et en ajoutant de l'eau qui annulera le résultat de vos combinaisons.

Bouillon coloré.

Faites-le comme ci-dessus, mais après en avoir ôté la viande, ajoutez-y un peu de coulis de pomme d'amour, et remettez-le sur le feu, pour qu'une seconde et courte ébullition y incorpore ce que vous venez d'y joindre.

Consommé.

Mettez une bonne quantité de viande et peu d'eau dans une marmitte, et faites bouillir à petit feu, pendant longtemps. C'est le moyen le plus simple.

Voulez-vous faire mieux encore : mettez dans la marmitte un bon morceau de bœuf un chapon et un pigeon. Faites bouillir à petit feu ; quand le chapon et le pigeon seront cuits retirez-les et conservez-les pour les servir froids, entourés de cresson ou autres herbes. Laissez bouillir la viande pendant deux heures encore, ayant eu soin de saler modérément, parceque, après avoir enlevé la viande vous laisserez encore concentrer le bouillon pendant quelque temps.

Potage aux herbes.

Faites bouillir dans du bon bouillon, deux bouquets d'oseille de jardin, un brin d'endive, quatre de laitue, un bouquet de cerfeuil, après avoir avec soin, lavé et haché le tout, en y ajoutant le cœur d'un céléri, une carotte épluchée et la moitié d'un oignon que vous hacherez aussi;

Si tous ces légumes ne sont pas à votre disposition, vous pouvez faire votre potage d'une manière plus simple en employant seulement le céléri, la carrotte, l'oignon et les herbes qui conviendront le plus à votre goût.

Laissez bouillir pendant une heure pour le moins.

Vous aurez préalablement préparé dans une soupière vos tranches de pain, soit dans leur état naturel, soit rôties, soit frites dans le beurre. Vous verserez dessus le bouillon avec les herbes. Si ce potage était pour un convalescent, vous ne lui serviriez que le bouillon passé dans une passoire, et sans ces légumes verts, qui sont indigestes.

Potage aux herbes liées.

Prenez différentes herbes, telles que de la laitue, de la blette, des épinards, et pendant la saison, des petits-pois tendres et égrenés, un peu de persil, un peu de cerfeuil. Mettez-le tout haché dans une casserole, avec du jambon, du beurre, du sel, du poivre, de l'épice, en laissant soigneusement essuyer au feu tandis qu'on ajoute un peu de farine et qu'on mouille avec du bon bouillon coloré. Laissez bien cuire vos herbes, cassez quatre ou six œufs, battez-les bien, et, les jetant dans la casserolle, mêlez l'herbe, en observant d'enlever les morceaux de jambon. Mettez du feu dessous, avec un couvercle en fer; ne laissez au dessous qu'une chaleur très-douce; découvrez souvent, et lorsque les herbes auront acquis la consistance d'une molle omelette; retirez-les du feu; et mettez-les par petites portions dans une soupière, où vous aurez préparé le pain trempé avec du bon bouillon.

Bouillon à la minute.

Mettez dans une pinte d'eau bouillante trois ou quatre onces de jus de viande.

Bouillon à l'heure.

Prenez deux livres de bœuf, que vous hacherez par petits morceaux, ajoutez-y oignons, carottes et quelques morceaux de lard; faites mijoter le tout pendant un quart-d'heure dans un grand verre d'eau, faites bouillir ensuite pendant trois quarts-d'heure dans une pinte d'eau; passez au tamis, et servez.

Potage aux choux.

Au gras, on les fait cuire avec du lard ou du jambon, auquel on joint une poitrine de mouton, un cervelas ou saucisson. Le tout doit bouillir pendant deux heures à grand feu ou trois heures à petit feu. Au maigre, faites blanchir un chou, que vous couperez ensuite par petits morceaux; mettez-le dans la marmite quand l'eau est bouillante, avec légumes, sel et poivre.

potage aux croutons.

Coupez du pain en morceaux carrés comme des dés. Vous les ferez frire dans le beurre, puis les jetterez dans une purée de haricots, de pois ou de lentilles.

potage à la julienne.

Coupez par petits morceaux carottes, céleri, navets, panais, poireaux, oignons, que vous faites revenir dans le beurre : lorsque ces légumes commenceront à se colorer, hachez oseille, persil, laitue, ciboule, cerfeuil, que vous mettez cuire pendant un quart d'heure ; mouillez avec du bouillon ou de l'eau ; laissez bouillir une heure ensemble, et versez sur peu de pain en ajoutant une purée quelconque.

potage aux écrevisses.

Elles ont un boyau noir et amer que vous retirez en arrachant l'écaille, qui se trouve au milieu de la queue ; faites-les cuire dans du bouillon (d'autres emploient eau et vinaigre en quantité égale, avec farine, sel, poivre et ail) ; quand elles seront cuites, écrasez les têtes, mouillez-les de bouillon, et passez au tamis ; trempez votre riz ou vos croûtes avec cette purée, et couronnez le potage avec des queues d'écrevisses.

potage printanier.

Prenez pois nouveaux, cerfeuil, pourpier, laitue, oseille, oignons, persil, un morceau de beurre ; faites bouillir le tout et passez-le en purée ; faites mitonner le potage avec les trois quarts de bouillon ; délayez dans l'autre quart des jaunes d'œufs, et versez votre liaison dans un tamis ; ajoutez du beurre, du lait et du sucre avant de servir.

pilau de cailles.

Ce plat, très-délicat, exige, comme on va le voir, beaucoup d'accessoires, beaucoup de soins et se confectionne rarement dans les ménages. Cependant, comme dans quelques circonstances on peut prendre envie d'en essayer, nous allons en donner la recette. On conçoit aisément que selon les divers éléments qu'il serait impossible de se procurer, on peut y apporter quelques modifications, mais le met manquerait de perfection et de saveur, en proportion des changements qu'on aurait apportés à la recette suivante.

Prenez une poule et une perdrix, plumez-les, videz-les et flambez-les avec soin, pour enlever le restant des plumes et le duvet ; et

troussez-les comme pour les mettre en entrée ;
prenez deux livres de tranche de bœuf comme
pour la daube, et deux livres de veau. Mettez
le tout dans une marmite avec de l'eau qui
recouvre, ajoutez un peu de sel, un oignon,
une carrotte, un poireau, un navet, un brin
de céleri, une laitue ronde, et laissez bouillir
pendant cinq à six heures, jusqu'à ce qu'il
ne reste plus que quatre ou cinq bols de
bouillon. Passez ce bouillon au tamis et mettez-
le de côté pour faire le pilau comme il suit :

Ayez de six à dix cailles et n'oubliez pas que
celles qui nous arrivent au mois de septembre
sont les meilleures ; plumez-les, videz-les, et
après les avoir enfilées dans une brochette,
leur avoir coupé la tête et les pattes, passez-les
sur un feu bien ardent pour les flamber.
Mettez-les dans une casserolle avec quelques
tranches d'excellent jambon, un peu de graisse,
assaisonnez avec sel, poivre, épices, une
feuille de laurier, et faites-les sauter et roussir
pendant quelques instants. Ajoutez alors un
verre de vin de Madère et à défaut de Cassis que
vous laisserez réduire, après quoi vous mettrez
un bol du bouillon que vous aurez mis de côté
et vous y laisserez mijoter les cailles pendant
une demi-heure.

Mettez dans une autre casserolle quatre bols du bouillon en question, ajoutez-y le consommé resté avec les cailles, et faites bouillir à grand feu. Au moment où l'ébullition sera à grand force, mettez sur quatre ou cinq bols de bouillon, environ un bol et demi de riz de Piémont, que vous aurez bien lavé. Couvrez la casserolle aussi hermétiquement que possible et laissez bouillir à un feu ordinaire pendant vingt minutes à peu près, retirez du fourneau, et laissez reposer auprès d'un feu doux, pendant dix minutes. Servez votre pilau avec vos cailles étalées au-dessus sur les tranches de jambon.

Tous les pilaus au gras, tels que ceux de saucisses, de riz d'agneau et de veau, de volaille, de perdrix, etc., se font de la même manière, sauf qu'on peut, toutefois, retrancher la poule et la perdrix préparatoires, et après ces premiers éléments agir, pour ce qui regarde le consommé, avec du bouillon ordinaire, ou même avec de l'eau. Il est inutile d'ajouter qu'on aura un résultat proportionné à cette manière d'opérer.

BOUILLIES.

—

Bouillie ordinaire.

Mettez de la fleur de farine dans une bouil-
loire ou autre vase profond, avec du bouillon
tiède, que vous verserez petit à petit et en
tournant avec une cuiller de bois pour qu'il
ne se forme pas de grumelots. Quand la farine
sera dissoute et réduite à la consistance d'une
crême, versez dans la marmite le bouillon
chaud destiné à la bouillie, en agitant toujours jusqu'à parfaite cuisson. On doit servir à
la consistance ci-dessus indiquée.

Si vous désirez la bouillie plus épaisse, mettez-là au feu avec le bouillon tiède, et faites
bouillir pendant un quart d'heure sans cesser
de tourner avec la cuiller pour empêcher
qu'elle ne prenne au fond.

Quelques jaunes d'œufs donnent à cette
bouillie un goût délicieux, mais pour empêcher qu'ils tournent, il faut verser dans le vase
où on les bat, deux ou trois cuillerées de
bouillie très-chaude, et qu'on ne mettra que
lentement et peu-à-peu. Quand cette portion
de bouillie sera bien amalgamée avec les

jaunes d'œuf, on versera le tout dans la marmite où est le reste. On peut y ajouter, si l'on
veut, un peu de fromage rapé, Hollande ou
Parmésan.

Quelques personnes ajoutent aussi un morceau de beurre ou un peu de coulis, ce qui rend
la bouillie plus savoureuse, mais moins saine.

Bouillie de farine de riz.

Comme il est difficile de se procurer de la
bonne farine de riz, voici la manière de la faire :
Prenez du riz, bien émondé et bien lavé;
faites-le bouillir avec peu d'eau jusqu'à ce
qu'il en soit imprégné et qu'elle ait entièrement disparu. Étendez-le sur quelques feuilles
de papier. Quand il sera bien égoutté, faites-le
sécher au soleil, et bien sec pilez-le dans un
mortier. Vous obtiendrez ainsi une excellente
farine dont vous pourrez faire une bouillie,
d'après les mêmes procédés, que celle qui est
expliquée ci-dessus.

Bouillie de sagou.

Vous lavez le sagou avec de l'eau bouillante;
vous le faites cuire avec du bouillon que vous
augmenterez peu à peu jusqu'à ce que le
sagou soit entièrement dissous et réduit en

bouillie ou gélatine. Pour le rendreplus nour-
rissant, au moment de le servir, on peut y
ajouter quelques jaunes d'œuf et du sucre, en
mêlant bien le tout ensemble.

On peut aussi préparer cette bouillie au vin
blanc et à l'eau, avec du sucre, et y ajouter
les jaunes d'œuf avant de servir.

Si l'on prépare le sagou, soit au vin, soit
au lait, il est bon de le faire cuire préalablement à l'eau.

On peut aromatiser cette bouillie avec de
l'essence de citron, de cannelle, ou un peu
d'eau de fleurs d'oranger.

Bouillies de fécule de pomme de terre et d'arrow-root.

Suivez exactement, pour l'une et pour l'autre, le procédé qui vient d'être indiqué pour
le sagou.

Bouillie de tapioca.

Prenez une cuillerée de tapioca, faites-le
cuire dans du bon bouillon jusqu'à ce qu'il
soit entièrement dissous et réduit en gélatine,
passez-le dans le cas où il resterait quelques
parcelles entières, et servez comme la bouillie
de sagou.

Pain râpé.

Quand le bouillon est en ébullition, mettez-y par petites doses et en tournant, de la rapure de pain ou de celle de galette ou du pain rôti et pilé au mortier. Laissez bouillir jusqu'à la densité que vous jugerez convenable. Pour tout le reste, suivez au surplus la méthode que nous avons tracée pour la bouillie ordinaire.

Potage de riz à la purée.

Quand le riz est cuit dans du bon bouillon, vous pouvez le servir en le mêlant à une quanité proportionnée de quelle purée que ce soit.

Pâtes à la purée.

Elles se préparent comme le riz, en observant qu'elles ne soient ni trop fines, ni trop grosses, mais d'une grosseur moyenne.

Soupe au fromage.

Mettez dans une casserolle un oignon coupé en tranches, avec de la bonne huile, et faites roussir jusqu'à ce que l'oignon ait pris une bonne couleur. Mettez de l'eau, du sel, un peu de poivre et laissez bouillir pendant un quart-d'heure.

Placez dans une soupière un lit de tranches de pain, coupées bien minces, et sur lesquelles vous étendrez une couche de fromage de Gruyère rapé ou émincé très-fin. Faites ainsi successivement plusieurs couches de pain et de fromage, en terminant toujours par ce dernier. Versez sur le tout votre eau bouillante que vous aurez mesurée selon la capacité de la soupière.

Cette soupe, moins le fromage, est ce qu'on appelle vulgairement soupe à l'oignon, et plus vulgairement encore, *soupe d'ivrogne*. Nous n'avons pas besoin de dire qu'elle ne vaut ni pour le goût, ni pour l'estomac, une bonne purée ou un bon consommé.

Suc de viandes.

Mettez dans une casserolle des filets de grosse viande, et si vous avez des reliefs, vous pouvez vous en servir; ajoutez-y des pattes et des ailerons de volaille, quelques champignons secs, trois ciboules ou échalottes, le bouquet d'herbes, un oignon piqué de deux ou trois clous de gérofle. Couvrez le tout avec du bouillon sans sel et mettez sur un feu modéré jusqu'à ce que le mélange prenne une légère couleur noisette; ajoutez-y alors un peu de coulis de pomme d'amour. Laissez bouillir jusqu'à ce

que les diverses substances soient à un extrême
degré de cuisson ; et que leurs molécules se
séparent d'elles-mêmes , en ajoutant de temps
en temps du bouillon sans sel. Passez alors
dans une serviette et remettez la partie liquide
sur le feu , la laissant consumer au point de
prendre une certaine densité.

Si vous voulez plus de saveur, vous pouvez
ajouter à la viande quelques morceaux de
jambon gras et maigre , mais dans ce cas , il
faudra dégraisser le suc. En poussant la cuisson plus avant, vous obtiendrez une espèce de
gélatine , avec laquelle vous pourrez glacer
quelle viande que ce soit.

Gélatine de viande.

Prenez trois livres de viande de bœuf maigre, coupez-la en petits morceaux ; prenez une
poule , un coq, coupez-les en quatre , et un
pied de veau ; mettez le tout dans une marmite, avec trois litres d'eau ; bouillir et écumer,
en ajoutant un bouquet de persil , deux gros
oignons , piqués de gérofle , et le blanc d'un
céleri. Continuez l'ébullition pendant cinq ou
six heures , passez le bouillon et laissez-le refroidir ; mettez-y deux blancs d'œuf battus ;
remettez sur le feu , et faites bouillir encore

en écumant ; déposez une petite portion sur une assiette. Si elle se fige et prend de la consistance en refroidissant, retirez du feu, pressez dans un linge et laissez refroidir. Cette gélatine, conservée dans un vase, peut se servir avec toutes les viandes froides.

Purée de volailles.

Prenez une poule cuite dans le bouillon ou toute autre chair de volaille bouillie ; ôtez-en toute la peau et mettez dans un mortier, avec trois ou quatre jaunes d'œuf durs. Pilez et réduisez le tout en pâte. Prenez ensuite un morceau de mie de pain qui aura trempé dans du bon bouillon ou du lait, et une douzaine d'amandes. Mettez dans le mortier et pilez de nouveau jusqu'à ce que le tout forme une pâte bien homogène. Alors ajoutez-y du bouillon, petit-à-petit, en remuant fortement à mesure, avec une cuiller, en observant que le mélange ne soit ni trop liquide, ni trop compact, mais de la consistance d'une crème ou d'une bouillie ; passez dans un tamis et mettez dans un vase, sur le feu et au bain Marie, au moment de vous en servir.

SAUCES.

—

Sauce blanche,

dont on peut faire une sauce piquante.

Faites bouillir une certaine partie de fécule de pommes de terre ou de farine de froment dans de l'eau ou du bouillon, en quantité suffisante pour former une bouillie assez liquide. Mettez-y des épices, du beurre, du sel, et, si vous voulez rendre la sauce piquante, un peu de jus de citron. Vous pouvez faire une liaison de jaunes d'œuf.

Nous devons indiquer ici ce que nous désignons par le mot épices. Ce sera ce qu'on devra employer chaque fois que nous prescrirons cet assaisonnement.

Pour le composer, prenez de la cannelle, des clous de girofle, des noix muscades, et un peu de poivre ; pilez le tout séparément, mêlez-le ensuite, passez-le pour le réduire en poudre fine, et conservez-le dans un vase bien fermé.

Sauce rousse.

Prenez de la farine ; mettez dans une casserole sur le feu, avec du beurre, faites-lui prendre une belle couleur rousse, en tournant souvent avec une cuiller, pour qu'elle ne prenne pas au fond et ne brûle pas. Ajoutez-y ensuite du bouillon, et si vous le préférez, du consommé ou du coulis de pomme d'amour.

Sauce à l'oignon.

Mettez dans une casserolle des oignons hachés bien fin, avec du beurre, du persil, du céleri, du poivre, un peu d'épices, etc. Mouillez avec de l'eau ou du bouillon. Laissez consumer l'oignon, et laissez-lui prendre un peu de couleur, mais sans brûler

Cette préparation s'adapte à quelle sauce que ce soit.

Si elle doit servir à une sauce colorée, on y ajoute un peu de coulis de pomme d'amour.

Pour une sauce liée, une ou deux pincées de farine, ou plus, selon la quantité,

Si la sauce doit être relevée en goût, on ajoutera à l'oignon un peu de jambon ou petit-salé qu'on aura soin d'enlever au moment de se servir de la préparation.

Sauce blanche.

On met dans une casserolle du beurre, de l'eau et de la farine; on tourne jusqu'à ce que la sauce soit bien liée et près de bouillir; on la retire alors du feu, et on y ajoute quelques gouttes de verjus ou un filet de vinaigre.

sauce blanche aux câpres et anchois.

Mettez dans une casserolle, gros comme un œuf, du beurre, que vous mêlerez avec une pincée de farine; délayez avec un verre de bouillon, un anchois haché, câpres fines entières, sel, gros poivre, deux ou trois ciboules entières; faites lier sur le feu, ôtez les ciboules et servez.

sauce au blanc.

Prenez une demi-livre de lard rapé, une demi-livre de graisse, un quarteron de beurre, un citron coupé en tranches, dont vous ôterez le blanc, du laurier, un clou de gérofle, deux carottes coupées en dés, deux oignons, une demi-cuiller d'eau; vous ferez bouillir le tout jusqu'à ce qu'il soit réduit, ayant soin de tourner sans cesse votre blanc, de crainte qu'il ne s'attache; quand il n'y aura plus de mouillement, et que votre graisse sera fondue, vous y jetterez du sel blanc; vous le ferez bouillir; vous l'écumerez, après quoi vous vous en servirez pour les mets que vous voulez faire au blanc.

sausse au pauvre homme.

Faites cuire échalottes et persil hachés dans
du bouillon, avec épices et cuillerée de vinaigre; joignez-y alors les restes de rôti que vous
aurez voulu réchauffer, et retirez avant qu'ils
aient bouilli.

sausse au jus d'orange.

Mettez dans une casserolle un demi-verre de
bon bouillon, avec autant de jus, quelques
zestes de pelure d'orange aigre, gros comme
la moitié d'un œuf, de bon beurre manié avec
une petite pincée de farine, sel, gros poivre,
faites lier sur le feu, et pressez-y ensuite le jus
d'une orange aigre.

sauce à la maître-d'hôtel.

Mettez un quarteron de beurre dans une casserolle, du persil et des échalottes hachés très-
menus, du sel, du poivre, et un jus de citron;
vous pétrirez le tout ensemble. Au moment de
servir, vous versez votre sauce dessus, dessous,
dans les viandes ou poissons, à volonté.

sauce piquante.

Vous mettez dans une casserolle un poisson,
du vinaigre, un peu de petit piment, du poivre,

une feuille de laurier, un peu de thym; faites
réduire à moitié; alors vous ajouterez trois cuillerées de bouillon; faites réduire votre sauce à
une juste mesure, et mettez-y le sel nécessaire.

Sauce au petit-maître.

Mettez dans une casserolle un verre de vin
blanc, moitié d'un citron coupé en tranches,
un peu de chapelure de pain très-fine, deux
cuillerées à bouché d'huile d'olive, un bouquet
de persil, ciboule, deux gousses d'ail, un peu
d'estragon, deux clous de girofle, un peu de
bouillon, sel, gros poivre; faites bouillir le tout
à très-petit feu pendant un quart-d'heure; dégraissez ensuite et passez au tamis.

sauce mayonnaise.

Mêlez bien dans un bol un jaune d'œuf, poivre, sel, cinq ou six gouttes de vinaigre, une
cuillerée d'huile versée goutte à goutte et toujours en tournant. Le mélange opéré et la sauce
bien liée, vous y ajouterez encore une cuillerée
de vinaigre.

Cette sauce délicate sert à masquer les viandes
froides.

sauce à la poivrade.

Mettez dans une casserole gros comme la moitié d'un œuf, du beurre, deux ou trois oignons en tranches, carottes et panais coupés en zestes, une gousse d'ail, deux clous de gérofle, une feuille de laurier, thym, basilic; passez le tout au feu jusqu'à ce qu'il commence à se colorer, mettez-y une bonne pincée de farine; mouillez avec un verre de vin rouge, un verre d'eau, une cuillerée de vinaigre, faites bouillir une demi-heure; dégraissez, passez au tamis, mettez-y du sel, gros poivre, et servez-vous en pour tout ce qui a besoin d'être relevé.

sauce à la ravigotte.

Mettez dans une casserolle un verre de bouillon, une demi-cuillerée à café de vinaigre, sel, poivre, un petit morceau de beurre manié de farine, et deux pincées de fournitures de salade, telles que civette, estragon, pimprenelle, cerfeuil, cresson; faites bouillir cette fourniture un moment dans l'eau, pressez-la bien et hachez-la très-fine, mettez-là dans la sauce, et faites-la lier sur le feu pour la servir. Si vous mettez la fourniture sans la faire blanchir, il en faut la moitié moins

sauce à la remoulade.

Hachez très-fin une échalotte , du persil, de la ciboule , une pointe d'ail , un anchois et des câpres, salez, poivrez, et délayez le tout avec un peu de moutarde, de l'huile et du vinaigre. Pour rendre la sauce meilleure, on peut y ajouter un jaune d'œuf cru que l'on remue avec la remoulade.

sauce Robert.

Mettez dans une casserolle un peu de beurre, avec une cuiller à bouche de farine , faites roussir votre farine à petit feu ; quand elle est de belle couleur, mettez-y trois gros oignons hachés très-fin, et du beurre suffisamment pour faire cuire l'oignon ; mouillez ensuite avec du bouillon, dégraissez la sauce et la laissez bouillir une demi-heure. Lorsque vous êtes prêt à servir, mettez-y sel, gros poivre, filet de vinaigre, de la moutarde. Cette sauce s'emploie avec le porc frais et le dindon.

sauce à la Tartare.

Elle se fait avec échalottes, estragon, cerfeuil, hachés menu, moutarde, épices, filet de vinaigre, huile, que l'on tourne jusqu'à ce que le tout soit bien mêlé. Cette sauce se fait à froid.

Sauce veloutée.

Ayez deux ou trois sous-noix de cuissot de veau, deux poules, quatre carottes, quatre oignons, dont un piqué de deux clous de gérofle, un fort bouquet de persil et ciboules, et le tout dans une casserolle; vous y mettrez plein une cuiller à pot de consommé; vous placez votre casserolle sur un feu un peu ardent; vous aurez bien soin d'écumer vos viandes et d'essuyer l'intérieur de votre casserolle, afin que votre sauce ne soit point trouble; lorsque vous verrez que votre mouillement sera diminué, et qu'il fera de grosses bulles en bouillant, vous mouillerez votre sauce avec du consommé; ayez soin qu'il soit bien clair et qu'il n'ait point de couleur brune. Quand vous aurez rempli votre casserolle de consommé, vous aurez l'attention de l'écumer. Lorsqu'il bouillira, vous le mettrez sur le coin du fourneau. Vous ferez un roux blanc dans lequel vous mettrez une vingtaine de champignons, que vous aurez sautés à froid dans de l'eau et du citron, que vous remuerez dans votre roux chaud; puis vous délaierez votre roux blanc avec le mouillement de votre velouté; vous le verserez après

sur vos viandes. Vous ferez bouillir votre sauce
sur le coin du fourneau; vous l'écumerez bien
au bout d'une heure et demie et vous la dé-
graisserez. Lorsque votre viande sera cuite,
vous passerez votre sauce à l'étamine; tâchez
que votre velouté soit le plus blanc possible.

Sauce provençale.

Vous mettrez dans une casserolle deux cuillerées d'huile fine, quelques échalottes et champignons hachés, deux gousses d'ail entières;
passez le tout sur le feu; ajoutez une pincée de
farine, mouillez avec du bouillon et un verre
de vin blanc; assaisonnez de sel, gros poivre,
un peu de persil, ciboule; faites bouillir cette
sauce à petit feu pendant une demi-heure; dé-
graissez-la, et ne laissez d'huile que ce qu'il
faut pour qu'elle soit perlée et légère; ôtez le
bouquet et les gousses d'ail, et servez sur ce
que vous jugerez à propos.

Coulis d'écrevisses.

Choisissez des écrevisses moyennes que vous
ferez bouillir dans l'eau; prenez-en les coquilles
et pilez, quand elles seront sèches, dans un
mortier; délayez avec du bouillon et passez au

tamis. Si vous voulez que ce coulis soit au gras, vous le mêlerez à un jus de veau, de jambon, d'oignons, de carottes, cuits ensemble; si c'est au maigre, vous y substituerez du poisson.

Coulis maigre.

On fait cuire à petit feu, dans une casserolle bien couverte et remplie d'eau aux deux tiers, des pois secs, pommes de terre, panais, carottes, navets, céleri, clous de gérofle, et enfin tout ce qui entre dans un bouillon maigre mais pour être plus épais, il faut que le coulis soit bien plus cuit. Exprimez le jus en pressant fortement, et passez.

DU BOEUF.

En expliquant les principales parties du bœuf nous n'entrerons point dans le détail de ce que nous appelons basse boucherie :

Voici ce qui est d'usage chez les bourgeois et gens qui tiennent bonne table : la cervelle, la langue, le palais, les rognons, la graisse, la queue. *Dans la cuisse, nous avons* la culotte, la tranche, la pièce ronde, le gîte à la noix, le cimier, la moëlle; *après la cuisse sont :* l'aloyau, les charbonnées, les flanchets et les entrecôtes,

la poitrine, les tendons de poitrine, les palle-
rons et le gros bout.

Bœuf en miroton.

Coupez des oignons en tranches, passez-les
sur le feu avec un morceau de beurre, ajoutez
une cuillerée de farine et remuez jusqu'à ce
qu'elle prenne couleur, mouillez avec bouillon,
sel, poivre; faites bouillir jusqu'à ce que la
sauce soit tarie, coupez par tranches votre bœuf
cuit dans la marmite, mouillez avec bouillon et
faites cuire à petit feu pendant une demi-heure,
et servez à courte sauce.

De la langue de bœuf.

Elle se met cuire à la braise qui se fait, avec
sel, poivre, un bouquet garni de persil, ciboule,
thym, laurier, basilic, clous de gérofle, oignons,
racines; du bouillon, que ce qu'il faut pour
mouiller la viande, faites cuire à très-petit feu;
quand elle est cuite, ôtez la peau, et piquez de
petit lard, faites cuire après à la broche, servez
dessous une sauce comme celle de mouton ci-
après, en y ajoutant un file de vinaigre.

Vous la mettez encore au miroton, quand
elle est cuite de toute autre manière; ôtez-la

peau, coupez-la en tranches, arrangez-la sur le plat que vous devez servir; faites-la bouillir doucement dans une sauce, comme celle que je viens de dire, et la servez à courte sauce.

Langue de bœuf en paupiettes.

Otez le cornet à une langue de bœuf, et la faites blanchir un demi quart d'heure à l'eau bouillante, mettez-la ensuite cuire dans la marmite à la pièce de bœuf jusqu'à ce que la peau se puisse enlever, elle ne gâtera pas votre bouillon; ôtez-en la peau et la mettez refroidir, après vous la coupez en tranches minces dans toute sa largeur et sa longueur, couvrez chaque morceau avec de la farce de gaudiveau, ou autre farce de viande, de l'épaisseur d'un petit écu, passez un couteau trempé dans l'œuf, sur la farce; roulez-les et les embrochez dans une brochette, après avoir mis à chacune une petite barde de lard, faites-les cuire à la broche; quand elles seront presque cuites, jetez de la mie de pain sur les bardes; faites prendre une couleur dorée à feu clair, et vous les servirez avec une sauce piquante dessous, que vous trouverez à l'article des sauces.

Langue de bœuf au gratin.

Prenez une langue de bœuf et la faites cuire dans la marmite après l'avoir fait blanchir ; quand elle sera cuite, ôtez-en la peau et la mettez refroidir ; coupez-la en tranches, hachez du persil, un peu d'ail, mettez au fond d'une casserolle avec quelques tranches minces de jambon. Placez au-dessus vos tranches de bœuf ; assaisonnez avec sel, poivre, panais, et faites cuire feu dessus et dessous, après avoir arrosé avec un demi-verre de bouillon. Ajoutez quelques cornichons coupés en morceaux.

Beefteaks farcis.

Prenez des beefteaks de bœuf ou de veau, très-minces et un peu larges, remplissez-les d'un hachis de viandes que vous aurez composé selon votre goût, doublez-les, liez-les avec un fil, et faites-les cuire de la manière suivante :

Mettez dans un plat un demi-verre de vin, quelques morceaux de jambon, un oignon coupé en quatre, un peu de bouillon, assaisonnez avec poivre et sel. Mettez votre viande dans ce mélange ; couvrez le plat et soudez le couvercle avec de la pâte. Laissez cuire au four pendant

cinq à six heures, selon la grosseur des morceaux, et servez dans le même plat.

DU VEAU, de toutes ses parties.

Le veau est d'une grande utilité en cuisine,
il fournit de quoi diversifier une table; voici les
parties dont nous faisons usage : la tête, la cervelle, les yeux, les oreilles, la langue, la fressure
qui comprend le mou, le cœur et le foie; la
fraise, les pieds, les ris, la longe avec le casi,
la rouelle avec le jarret, l'épaule, le collet, la
poitrine, le tendon, la queue, les filets, les
rognons, la moëlle, dite amourette.

De la tête de veau,

Comment accommodée.

Après lui avoir ôté ses mâchoires, faites-la
dégorger une nuit entière dans l'eau; après
vous la faites blanchir et cuire avec une eau
blanche : délayez dans une marmite une poignée de farine, faites bouillir cette eau avant
que de la mettre dedans, assaisonnez-la de sel,
poivre, un gros bouquet garni, deux oignons,
carottes, panais; quand la tête est bien cuite,
mettez-la égoutter, découvrez la cervelle et la
servez avec une sauce au vinaigre; *vous pouvez
aussi quand* elle est cuite, comme ci-devant, la
servir avec plusieurs sauces différentes, comme

sauce à la poivrade, sauce à la ravigote, sauce à l'italienne.

Tête de veau a la sainte Menehoult.

Otez-en les mâchoires et coupez le museau jusqu'auprès des yeux, mettez-la dans une marmite avec de l'eau, et la faites écumer comme un pot au feu; ensuite vous y mettez un bouquet de persil, ciboule, deux gousses d'ail, trois clous de gérofle, une feuille de laurier, thym; quand elle est cuite, laissez-la égoutter, enlevez les os, saupoudrez de poivre et de sel fin, dorez avec du beurre fondu, panez avec de la mie de pain, mettez ensuite sur le gril.

Tête de veau au naturel.

Faites bouillir la tête de veau pendant une demi-heure, et un peu plus, et plongez dans l'eau froide. Tranchez la mâchoire supérieure jusqu'aux yeux, et enlevez l'os du sommet de la tête. Recouvrez de manière à ce que la tête conserve sa forme; enveloppez-la dans un linge blanc et fin et liez avec de la ficelle. Il convient, avant de l'envelopper, de la frotter avec un citron coupé, pour la blanchir.

Mettez dans l'eau où elle doit cuire, une

bonne cuillerée de farine ou de fécule détrem-
pée, du beurre, des ciboules, des carottes, du
persil, du sel, du poivre en grains, la pulpe et
l'écorce du citron dont vous vous êtes servi, et
dont vous enlèverez les pépins. Attendez que
l'eau bouille pour y mettre la tête. Quand celle-
ci sera cuite, retirez-la du linge et servez-la
avec une sauce piquante. On peut aussi la manger à la vinaigrette.

Ris de veau en fricandeau.

Faites dégorger et blanchir deux ris de veau;
ôtez le cornet, piquez-les de lard fin roulé dans
les fines herbes, et mettez-les dans une casserolle, enveloppez dessus et dessous de bardes
de lard, mouillez avec bouillon et vin blanc;
assaisonnez de sel et poivre, bouquet garni,
quelques tranches de citron dont on ôte le
blanc et les pépins; faites cuire à très-petit feu.
Retirez les ris lorsqu'ils sont cuits; passez la
cuisson, faites-la réduire, et lorsqu'il n'y en
a presque plus, passez-y les ris de veau du
côté du lard pour les glacer, servez sur une
purée d'oseille.

Ris de veau en caisse.

Coupez en tranches des ris de veau cuits
comme pour le fricandeau, mais non lardés;

saucez-les dans une marinade composée
d'huile, jus de citron, verjus ou vinaigre, fines
herbes hachées, sel et poivre; faites une caisse
de fort papier, huilez-en le fond, placez dedans
vos ris de veau, dorez de dessus avec du beurre
et panez avec de la mie de pain; répétez une
seconde fois cette opération; mettez la caisse
sur un gril avec des cendres chaudes par dessous; couvrez avec le four de campagne, pour
faire prendre couleur par dessous, ou y pré-
sentez une pelle rouge.

Tête de veau farcie à la bourgeoise.

Ayez une tête de veau avec sa peau bien
blanche et bien échaudée, enlevez la peau de
dessus la tête pour en prendre la cervelle, la
langue, les yeux et les bajoues, faites une farce
avec la cervelle, de la ruelle de veau, de la
graisse de bœuf, le tout haché très-fin; assaisonnez avec du sel, gros poivre, persil, ciboule
hachée, une demi-feuille de laurier, thym et
basilic hachés, comme en poudre; mettez-y
deux cuillerées à bouche d'eau-de-vie, liez cette
farce avec trois jaunes d'œuf, et les trois blancs
fouettés, prenez la langue, les yeux, dont vous
ôtez tout le noir, les bajoues, épluchez le tout
proprement, après l'avoir fait blanchir à l'eau

bouillante, et les coupez en gros dés, et les mêlez dans votre farce, mettez la peau de la tête de veau sans être blanchie dans une casserolle, les oreilles en dessous, et la remplissez avec votre farce ; ensuite vous la cousez en la plissant comme une bourse, ficelez-la tout autour en lui redonnant sa forme naturelle, mettez-la cuire dans un vaisseau juste à sa grandeur, avec un demi-setier de vin blanc, deux fois autant de bouillon, un bouquet de persil, ciboule, une gousse d'ail, trois clous de gérofle, oignons, sel, poivre, faites-la cuire à petit feu pendant trois heures ; lorsqu'elle est cuite, mettez-la égoutter de sa graisse et l'essuyez bien avec un linge, après avoir ôté la ficelle, passez une partie de sa cuisson au travers d'un tamis, ajoutez-y un peu de coulis, si vous en avez, et y mettez un filet de vinaigre, faites-la réduire sur le feu au point d'une sauce ; servez sur la tête de veau.

Si vous voulez vous servir de cette tête de veau pour entremets froid, il faudra mettre dans la cuisson un peu plus de vin blanc, sel, poivre, et moins de bouillon ; laissez-la refroidir dans sa cuisson, et sur une serviette.

Pieds de veau farcis.

Faites cuire les pieds ainsi que nous le dirons pour les mettre en sauce blanche. Ayez de la chair de saucisse que vous pilerez bien dans un mortier, ajoutez-y successivement un morceau de pain trempé, un œuf, et pilez de nouveau chaque fois. Fendez les pieds longitudinalement, enlevez l'os du milieu, remplacez-le par une partie du hachis et rapprochez.

Mettez au fond d'un plat à gratin un peu d'oignon, du persil, une pomme d'amour, le tout bien haché, et un peu de graisse blanche. Placez les pieds sur cette préparation, saupoudrez avec de la rapure de pain, et laissez gratiner, puis ajoutez un demi-verre de vin blanc. Quand il sera réduit, un peu de bouillon que vous laisserez aussi réduire en partie, sans toutefois que le plat soit trop sec.

MOUTON.

Les parties du mouton qui sont le plus en usage dans la cuisine, sont :

Le gigot.	Le filet.
Le carré.	La langue.
L'épaule.	Les rognons.
Le collet ou bout seigneux.	Les pieds.
	Les rognons extérieurs
Les rôts de biff.	appelés animales.
La poitrine.	La queue.

Queue de mouton à la Prussienne.

Prenez quatre ou cinq queues de mouton, la moitié d'un chou, une demi-livre de petit lard, faites blanchir le tout un quart d'heure à l'eau bouillante, et le retirez à l'eau fraîche, pressez le chou et le coupez en plusieurs morceaux que vous ficelez chacun dans leur particulier ; coupez aussi le petit lard en plusieurs morceaux sans les séparer d'avec la couenne, ficelez-les, mettez les queues dans le fond d'une petite marmite, les choux, le lard et six gros oignons par-dessus, un bouquet de persil, ciboule, deux clous de girofle, une demi-gousse d'ail, une très-petite branche de fenouil, un peu de sel, gros poivre, mouillez avec du bouillon, faites cuire à la braise, à très-petit feu, coupez des mies de pain en rond, de la grandeur d'un petit écu, passez-les sur le feu avec du beurre, jusqu'à ce qu'elles soient d'une belle couleur dorée, vous les mettez égoutter; mettez une bonne pincée de farine dans le beurre qui reste des croûtons; faites-la roussir, et mouillez avec du bouillon de la cuisson des choux et un filet de vinaigre; faites bouillir une demi-heure, pour que la farine ait le temps de cuire, et que cela vous forme un petit coulis de bon goût; dégraissez-le et le passez au tamis. Quand les queues seront cuites et qu'il n'y reste plus de sauce, mettez-les égoutter, essuyez le tout avec un linge; dressez les queues entremêlées de choux, les oignons autour, le lard et les croûtons par dessus les choux; servez la sauce par dessus.

Queue de mouton aux choux

à la bourgeoise.

Faites cuire cinq ou six queues de mouton dans une petite braise légère, faite avec un peu de bouillon, peu de sel, poivre, un bouquet de persil, ciboule, deux clous de gérofle, une demi-gousse d'ail: faites blanchir un quart d'heure à l'eau bouillante la moitié d'un gros chou, reti-rez-le à l'eau fraîche et le pressez, ôtez-en le

trognon, hachez le chou ; coupez en petits dés
un quarteron de petit lard, ou une demi-livre ;
mettez-le avec les choux dans un petit roux fait
avec une bonne pincée de farine et de beurre,
passez-les ensemble et les mouillez avec un peu
de bouillon sans sel, laissez cuire une heure, à
petit feu, jusqu'à ce que le chou et le lard soient
bien cuits et le ragoût bien lié, mettez égoutter
les queues, essuyez-les avec un linge ; dressez-
les dans le plat, un peu distanciées les unes des
autres ; couvrez chaque queue avec du ragoût ;
servez chaudement.

Pieds de mouton farcis.

Même procédé qu'aux pieds de veau.

Côtelettes et autres morceaux

à la bourgeoise.

Mettez vos côtelettes ou vos tranches dans
une casserolle avec la préparation dont nous
avons donné la recette, page 129. Ajoutez du
bouillon jusqu'à ce que la viande soit bien
cuite, et vous pourrez y mettre une garniture à votre choix, comme légumes, bouillis,
secs ou frais.

Rognons aux fines herbes.

Pilez ensemble du fenouil, du persil, de la
ciboule, une gousse d'ail, deux carottes ; mêlez
au tout un morceau de beurre de la grosseur
d'une noix, du sel pilé et du poivre. Ebouil-
lantez les rognons, perforez-les en divers endroits avec la pointe d'un couteau, introduisez
dans les trous un peu de la farce composée
avec le beurre et les herbes, mettez-les dans
une casserolle avec un peu de jambon au-
dessus, un demi-verre de vin blanc et autant
de bon bouillon. Faites cuire à petit feu ; dégraissez la sauce et servez-la avec les rognons.
Vous pouvez y ajouter une cuillerée de coulis.

Rognons en papillotte.

Lavez les rognons dans l'eau tiède, laissez-les
ensuite pendant un demi-quart d'heure dans
l'eau bouillante, et en les retirant, mettez-les
dans l'eau fraîche. Otez-leur le durillon, faites-
les mariner avec de l'huile ou du jambon, du
persil, des ciboules, des champignons, une carotte, le tout pilé ensemble, avec du sel et du
poivre. Préparez alors six ou huit morceaux de
papier, oignez-les d'huile intérieurement, pla-
cez-y les rognons avec leur assaisonnement et

pliez-les. Mettez sur le gril et faites cuire lentement, en évitant que le papier prenne feu.
Quand ils sont cuits, arrosez-les légèrement de
jus de citron ou de vinaigre blanc.

Rognons au gratin.

Mettez dans une casserolle un morceau de
beurre avec les rognons lavés, ébouillantés et
coupés en tranches; ajoutez du jambon, des
ciboules, des champignons, une carotte, une
gousse d'ail, le tout haché menu. Mettez au feu
en ajoutant quelques pincées de farine délayée
dans du bouillon, et faites bouillir jusqu'à ce
qu'il ne reste plus de bouillon. Si le beurre ne
suffisait pas pour assaisonnement, mettez un
peu de poivre et de sel. Ajoutez quatre ou cinq
jaunes d'œuf que vous amalgamerez avec la
sauce, sans cependant faire bouillir, et vous
amènerez celle-ci à une consistance suffisante
pour qu'elle adhère avec les rognons. Recouvrez de rapure de pain, et laissez achever de
cuire, feu dessus et dessous.

Pieds de mouton en sauce blanche.

Bien que les pieds de mouton aient été net-
toyés à la boucherie, vous ne devez pas négliger de les passer de nouveau sur un feu

très-ardent, et d'en enlever, en les râclant avec un couteau, tous les poils qui pourraient y être restés attachés. Vous aurez eu soin d'en faire enlever un petit os placé entre les deux doigts du pied, et qui retarde la cuisson. Vous les ferez bouillir avec un oignon, carotte, navet, poireau, assaisonné de sel et gros poivre. L'ébullition doit se prolonger longtemps pour que les pieds parviennent à une parfaite cuisson, et vous n'aurez obtenu ce résultat que quand les os se détacheront sans peine de la chair.

Alors mettez dans une casserolle quelques morceaux de jambon que vous ferez sauter avec un peu de graisse blanche ou de beurre ; mettez une cuillerée de farine délayée avec du bouillon ou de l'eau ; ajoutez les pieds dont vous aurez enlevé les gros os, et laissez mijoter dans cette sauce pendant une demi-heure. Faites alors une liaison de deux jaunes d'œuf, où vous mettrez une pointe d'ail bien écrasée, un peu de persil, haché très-fin, et quelques gouttes de jus de citron ; vous pouvez également, avant de faire la liaison, ajouter quelques capres à votre sauce.

Pieds de veau, pieds d'agneau
en sauce blanche.

Employer absolument le même procédé que celui que nous venons d'indiquer pour les pieds de mouton.

Gigot à l'eau.

On opère de différentes manières. Voici celle qui nous paraît préférable :

Après avoir introduit quelques gousses d'ail dans des incisions faites au gigot, placez-le, avec quelques bandes de lard, dans le fond d'une casserolle ou poêlon. Mettez plusieurs branches de céleri, une branche de persil, un brin de thym, assaisonnez avec sel, poivre et un clou de girofle. Remplissez votre vase d'eau, de manière à ce qu'elle couvre entièrement le gigot et le dépasse de quelques lignes. Faites bouillir avec assez de vitesse et feu dessous et dessus jusqu'à ce que le liquide ait assez diminué pour laisser à découvert, à peu près la moitié de votre gigot qui doit être rousse et colorée comme si on avait cuit à la broche. Vous le retournerez et le recouvrant, en mettant encore du feu dessus et dessous, vous laisserez l'ébullition continuer jusqu'à ce que la sauce soit presque entièrement réduite, et qu'il n'en reste que très-peu au fond de la casserolle.

Gigot au filet à la sultane,

Composez une farce avec un morceau de viande de la grosseur d'un œuf et un morceau égal de graisse de bœuf. Hachez le tout bien menu, en y ajoutant du persil, de la ciboule, un jaune d'œuf cru, une cuillerée d'eau-de-vie, du sel et du poivre. Faites à la superficie de votre viande quelques incisions que vous remplirez avec ce hachis. Faites-la cuire à la broche, enveloppée d'un papier.

DU COCHON.

La chair de cet animal, que la religion interdit aux Juifs, est succulente, mais de difficile digestion. Toutes les parties, cependant, n'ont pas cet inconvénient au même degré, et toutes les parties, sans exception, sont employées en cuisine. On sait le parti que la charcuterie sait en tirer et les ressources que la gastronomie y trouve. On sait aussi que le lard est indispensable. Nous ne pouvons nous arrêter sur ces détails qui font partie d'une branche particulière et séparée de la cuisine. Nous nous bornerons à donner la manière d'accommoder quelques parties du cochon.

La tête se met en hure de sanglier ; pour cela on la fait brûler sur un feu clair bien ardent,

on la racle ensuite fortement avec un couteau,
on la désosse à moitié sans ôter la peau, on la
pique en dedans avec du gros lard, en l'assaisonnant avec sel, épices, persil, ciboules et
ail, le tout haché. On l'enveloppe avec un
linge blanc, ficelé, et on la fait cuire dans du
bouillon où l'on aura mis du vin rouge, un
bouquet garni, oignons, racines, sel et poivre.

La tête de cochon ainsi cuite doit être laissée
à refroidir dans le bouillon et servie sur une
serviette pour entremets du milieu.

Les oreilles et les pieds se font cuire dans le
bouillon dont nous venons de donner la recette.
Quand ils seront cuits, on les passera et on les
fera griller.

Cochon de lait.

Le cochon de lait se fait cuire à la broche.

Quand il est bien échaudé et troussé, vous
lui coupez un peu la peau à la tête, aux épaules
et à la cuisse, pour que cette peau ne se déchire
point.

Quand il est au feu, frottez-le souvent avec
de l'huile, pour que la peau soit croquante; il
faut le manger sortant de la broche, sinon la
peau se ramollit et n'a plus le même goût.

Cochon de lait en blanquette.

Il faut prendre les débris d'un cochon de lait que l'on a servi rôti, coupez-les en filets minces; mettez dans une casserolle, gros comme la moitié d'un œuf, de bon beurre, avec des champignons coupés en filets minces, un bouquet de persil, ciboules, une gousse d'ail, deux échalottes, deux clous de girofle, la moitié d'une feuille de laurier, thym, basilic, passez-les sur le feu, mettez-y une pincée de farine, mouillez avec un verre de vin blanc et autant de bouillon, sel, gros poivre, faites bouillir à petit feu et réduire à moitié; ôtez le bouquet et y mettez les filets de viande, faites chauffer sans bouillir, ensuite vous y mettez une liaison de trois jaunes d'œufs délayés avec deux cuillerées à bouche de verjus et autant de bouillon, faites lier sur le feu sans bouillir; servez chaudement.

Cochon de lait en galentine.

Quand il est bien échaudé, il faut le désosser à forfait, l'étendre sur un linge blanc, et mettre dessus une bonne farce de viande assaisonnée de bon goût, que vous étendez de l'épaisseur d'un gros écu; mettez sur cette farce une rangée de lardons de jambon, une de lard, une de truffes, une de jaunes d'œufs durs, couvrez tous ces lardons avec un peu de farce ; ensuite vous roulez le cochon de lait, en prenant garde de déranger les lardons ; enveloppez-le de bardes de lard, et d'une étamine, serrez-le fort avec de la ficelle et le faites cuire pendant trois heures, avec moitié bouillon et moitié vin blanc, sel, gros poivre, racines, oignons, un gros bouquet de persil, ciboule, échalottes, ail, girofle, thym, laurier, basilic ; quand il est cuit, laissez-le refroidir dans sa cuisson, et le servez froid pour entremets. Toutes sortes de galentines se font de même.

Cochon de lait à la lyonnaise.

Après l'avoir bien échaudé et vidé, il faut le désosser à forfait, à la réserve de la tête et des pieds, faites une farce de cette façon : mettez dans une casserolle une pinte de bon lait ; quand il bout, mettez-y près d'une demi-livre de mie de pain que vous faites bouillir jusqu'à ce qu'elle ait bu tout le lait, et qu'elle soit bien épaisse ; ayez soin de la remuer souvent sur la fin, de crainte qu'elle ne s'attache, mettez-la refroidir, prenez de la rouelle de veau, environ une livre, et autant de graisse de bœuf que vous hachez ensemble, et y mettez ensuite de la mie de pain, avec persil, ciboule, deux échalottes, champignons, le tout haché très-fin, sel, poivre, quatre œufs, blanc et jaune, coupez en gros dés le foie du cochon de lait, et presque autant de jambon cru, pour les mêler avec de la farce, mettez le tout dans le corps du cochon ; cousez-le et retroussez comme pour le mettre à la broche, mettez dessus des bardes de lard ; il faut l'envelopper d'une serviette, le ficeler et le faire cuire comme le précédent ; vous le servirez de même sur une serviette pour entremets froid.

DE L'AGNEAU.

L'agneau est délicat, léger, mais peu savoureux. Nous n'avons pas beaucoup à nous étendre sur son emploi en cuisine, parce que toutes les manières d'accommoder le mouton peuvent lui convenir.

Le quartier d'agneau se sert ordinairement rôti. Il ne faut pas oublier que le quartier de devant est toujours meilleur que celui de derrière. On le sert aussi en façon de fricandeau avec un ragoût d'épinards.

Le quartier cuit à la broche et desservi peut se couper en filets et s'accommoder en blanquette, ainsi que nous l'avons dit pour les pieds de mouton.

DE LA VOLAILLE EN GÉNÉRAL.

Toute la volaille doit être plumée sitôt qu'elle est tuée, il ne la faut point mettre dans l'eau chaude pour la plumer, elle se plume à sec, il ne la faut vider qu'après qu'elle est flambée, vous la flambez sur un fourneau bien allumé de charbon, il faut la passer légèrement sur la flamme, pour qu'elle n'ait que le temps de brûler les poils qui restent ; si vous n'avez point la commodité d'un fourneau allumé, prenez simplement une feuille de papier que vous brûlez dessous les poils, vous la videz ensuite ; pour cet effet, vous coupez la peau de la volaille sur le derrière du cou ; détachez légèrement la poche d'avec sa peau pour l'ôter sans déchirer la volaille, passez ensuite votre doigt dans le trou du briquet, tournez-le en le courbant, pour détacher ce qui est dans le corps ; cela vous donnera la facilité de faire sortir les boyaux, foie et gésier ; vous agrandirez ensuite le trou auprès du croupion, et viderez en douceur la volaille pour ne la point déchirer ; vous aurez soin d'ôter l'amer du foie et le dedans du gésier. Toutes sortes de volailles et de gibiers se flambent et se vident de la même façon ; si c'est pour rôtir, et servir pour un plat de rôt, il ne faut point le flamber : videz-les comme je viens de marquer, faites-les refaire sur de la braise, essuyez-les bien avec un torchon, épluchez-les, vous les barderez ensuite ou piquerez comme vous jugerez à propos.

Différentes façons de poulets.

Nous en avons de quatre sortes, qui sont les poulets gras, les poulets aux œufs, les poulets à la reine, et les poulets communs.

Le poulet à la reine est le plus petit et le plus estimé.

Le poulet aux œufs est après.

Le poulet gras, qui est le plus fort, est le plus estimé quand il est choisi bien blanc en chair et en graisse.

Fricassée de poulets.

Prenez deux poulets communs, bien en chair, que vous flambez, épluchez et videz ; coupez-les par membres, et les mettez tremper dans une eau un peu tiède pour les faire dégorger, vous y mettez aussi les foies après avoir ôté l'amer, les gésiers que vous fendez pour ôter ce qui est dedans, les pattes que vous mettez sur de la braise pour ôter la peau, il faut couper les ergots, les cous dont vous coupez la moitié de la tête ; vos poulets étant

bien dégorgés, mettez-les égouter sur un tamis ou dans une passoire, mettez-les dans une
casserolle avec un morceau de bon beurre,
bouquet de persil, ciboule, une feuille de laurier, thym, du basilic, deux clous de girofle,
des champignons, une tranche de jambon, si
vous en avez ; passez le tout sur un bon feu
jusqu'à ce qu'il n'y ait presque plus de sauce,
vous y mettez une bonne pincée de farine, et
mouillez avec un peu d'eau chaude ; assaisonnez de sel, gros poivre, faites cuire et réduire
à peu de sauce. Lorsque vous êtes prêt à servir,
vous y mettez une liaison de trois jaunes d'œuf,
délayés avec de la crème ou du lait, faites lier
sur le feu sans faire bouillir, parce que votre
sauce tournerait ; mettez-y un jus de citron, ou
un filet de vinaigre, dressez votre fricassée, les
abatis dans les fond, les cuisses et les ailes
dessus, arrosez partout avec la sauce et les
champignons. Si vous voulez votre fricassée
d'un plus beau blanc, vous ôtez la peau des
poulets avant que de les couper par membres.

Vous les mettez aussi au roux avec des culs
d'artichauts à moitié cuits, vous coupez le
poulet par membres, passez-le sur le feu dans
une casserolle avec un morceau de beurre, un
bouquet garni, et les morceaux d'artichauts ;

mettez-y une pincée de farine ; mouillez avec du bouillon, un peu de jus, et un demi-verre de vin blanc ; faites bouillir à petit feu, dégraissez la sauce.

Quand le poulet est cuit, servez à courte sauce, et assaisonnez de bon sel. *Vous servez aussi les poulets en fricandeau, que vous faites comme les fricandeaux de veau.*

Poulets à la matelotte.

Coupez la tête et la queue à une douzaine de petits oignons blancs, faites-les blanchir un demi-quart d'heure à l'eau bouillante, retirez-les à l'eau fraîche pour en ôter la première peau ; coupez deux moyennes carottes et un panais de la longueur de deux doigts, mettez dans une casserolle un petit morceau de beurre avec deux pincées de farine, faites roussir de couleur cannelle en tournant sur le feu, mouillez avec un verre de vin blanc, autant de bouillon, mettez-y les carottes, les petits oignons, un bouquet de persil, ciboule, une demi-gousse d'ail, deux clous de girofle, une feuille de laurier, thym, basilic, sel, gros poivre ; faites bouillir à petit feu une demi-heure, ensuite vous avez un gros poulet (ou deux petits) que vous flambez, épluchez et videz, faites-le reve-

nir sur le feu, et le coupez en quatre ; mettez-le
dans le ragoût ; vous y mettrez, si vous voulez,
le foie, le cou, les ailes et les pattes; faites
bouillir à petit feu pendant une heure; la cuisson faite, qu'il y reste peu de sauce, dégraissez-
la et y mettez un anchois haché, une pincée de
câpres. Servez chaudement.

Poulets à la sainte Menehoult.

Flambez, videz et troussez les pattes dans
le corps à deux poulets communs ; mettez-les
dans une casserolle avec un morceau de beurre,
un verre de vin blanc, sel, poivre, un bouquet
de persil, ciboule, une gousse d'ail, thym, laurier, basilic, deux clous de gérofle, faites cuire
à petit feu, et attachez toute la sauce des poulets, ensuite vous tremperez les poulets dans de
l'œuf battu, panez de mie de pain, retrempez-
les dans du beurre et les repanez ; faites-les
griller d'une belle couleur dorée ; servez-les
à sec ou avec une sauce un peu piquante.

Poulets à la Tartare.

Flambez et videz-les, faites les refaire sur le
feu et les coupez par moitié, cassez-leur un
peu les os, et les faites mariner avec de bon
beurre frais que vous faites fondre, mettez avec

persil, ciboule, champignons, une pointe d'ail, le tout haché, sel, poivre ; trempez-les dans l'huile et les panez de mie de pain, faites-les griller à petit feu, et servez à sec, ou avec une bonne petite sauce claire.

Poulets en caisse.

Ayez deux poulets que vous flambez, videz et troussez les pattes dans le corps, lardez-les ailes et applatissez un peu les poulets, faites-les mariner avec persil, ciboule, échalotte, ail, le tout entier ; de l'huile fine, sel, gros poivre ; faites une caisse de papier, mettez-y les poulets avec tout leur assaisonnement, et les couvrez de bardes de lard, et de papier, faites-les cuire à petit feu sur le gril, ou dessous un couvercle de tourtière ; quand ils seront cuits, ôtez les fines herbes et les bardes de lard ; servez dans la caisse, en mettant quelques gouttes de verjus sur les poulets ; vous pouvez aussi les ôter de la caisse, et les servir avec la sauce que vous voudrez.

Poulets aux choux-fleurs.

Ayez deux moyens poulets assez bons pour être cuits à la broche ; après les avoir flambés, épluchés et vidés, ôtez l'amer des foies pour les hacher et les mêler avec un morceau de beurre, persil, ciboule hachés, sel, gros poivre, mettez cette petite farce dans le corps, laissez les pattes et les troussez en dindonneau, faites-les refaire sur le feu, dans une casserolle, avec un peu d'huile ou du sain-doux, ensuite vous les enveloppez avec un peu de lard et du papier huilé pour les faire cuire à la broche; la cuisson faite, dressez-les dans le plat que vous devez servir, dressez autour des choux-fleurs bien égoutés, que vous aurez fait cuire avec de l'eau, un peu de beurre et du sel; versez dessus une sauce faite avec un peu de coulis, gros comme la moitié d'un œuf, de beurre, sel, gros poivre, faites-la lier sur le feu sans bouillir.

poulets à la poële.

Flambez et épluchez deux moyens poulets, fendez-les en deux par le milieu de l'estomac, videz-les et les passez dans une casserolle avec un peu d'huile, une pointe d'ail, deux échalottes, des champignons, persil, ciboule; le tout haché, mettez-y une pincée de farine mouillée avec un verre de vin blanc, et autant de bouillon, assaisonnez de sel, gros poivre, faites cuire et réduire à courte sauce; dégraissez avant que de servir.

poulets au fromage.

Flambez et épluchez deux poulets; après les avoir vidés et troussé les pattes dans le corps, vous les fendez un peu sur le dos et les aplatissez avec le couperet, faites-les revenir dans une casserolle avec un peu d'huile; mouillez avec un demi-verre de vin blanc et autant de bouillon: mettez-y un bouquet de persil, ciboule, une demi-gousse d'ail, deux clous de gérofle, une demi-feuille de laurier, thym, basilic, peu de sel, gros poivre, faites cuire une heure à petit feu, qu'il ne fasse que mijoter, ensuite vous ôtez les poulets et mettez dans la sauce une cuillerée d'huile ou de graisse, maniée d'une bonne pincée de farine; faites-les lier sur le feu, prenez le plat que vous devez servir, mettez une partie de cette sauce dans le fond, et sur les poulets, vous y mettrez le restant de la sauce, et ensuite autant de fromage de Gruyère rapé, mettez les poulets dessus, et sur les poulets, vous mettrez le restant de la sauce, et ensuite autant de fromage de Gruyère rapé que vous avez mis dessous, mettez le plat sur un petit feu doux et un couvercle de tourtière avec du feu; quand ils seront d'une belle couleur dorée et sans sauce, servez chaudement.

Si votre fromage est fort de sel, il n'en faut point mettre dans la cuisson des poulets.

de la poularde et du chapon.

La poularde se sert aussi pour un plat de rôt, comme nous l'avons déjà dit pour les poulets gras; dans le temps du cresson, vous en mettez tout autour, assaisonnez de sel et vinaigre.

Les foies gras des poulardes, chapons, dindons et gros poulets, servent à mettre dans beaucoup de ragoûts et à faire des entremets particuliers.

Vous les faites cuire à la broche; enveloppez de bardes de lard, et pannez de mie de pain; servez-les avec une sauce bachique.

Vous les mettez aussi en caisse, qui se fait avec du papier, que vous graissez d'huile; faites les cuire dans leur jus, avec persil, ciboule, champignons; le tout haché, bardés de lard dessus et dessous, un peu d'huile, un jus de citron en les servant, ou *mettez-les en papillote ou en ragoûts seuls.*

poularde de plusieurs façons.

Elles se mettent aussi en entrée de bien de façons différentes.

Quand elles sont tendres, elles se mettent en

entrée de broche, et se servent avec les mêmes sauces et ragoûts que les poulets en entrée de broche.

Observez la même chose pour les *Chapons*.

Si vous ne les jugez pas assez tendres pour la broche, ou que vous vouliez les diversifier, voici toutes sortes de braises : vous les mettez en fricandeau. Voyez fricandeau de veau, ou à la Tartare, au gros sel.

Vous les flambez, videz, et troussez les pattes en dedans, et les faites blanchir un instant, mettez une barde de lard sur l'estomac pour le tenir blanc, ficelez-le et mettez cuire dans la marmite ; quand il fléchit sous le doigt en le tâtant à la cuisse, retirez-le de la marmite, servez avec un peu de bouillon et de gros sel par dessus.

poularde à la cuisinière.

Flambez, épluchez et videz une poularde. farcissez-la avec son foie, mêlez avec peu de graisse, persil, ciboule, une pointe d'ail hachée, sel, gros poivre, deux jaunes d'œufs, faites-la cuire à la broche ; quand elle est cuite, arrosez le dessus avec un peu d'huile chaude où vous avez délayé un jaune d'œuf ; pannez avec de la mie de pain : faites-lui prendre au feu une belle couleur dorée, et vous la servez avec une sauce de cette façon : mettez dans une casserolle un demi-verre de bouillon, un peu de vinaigre, quelques filets d'huile, manié avec une pincée de farine, sel, gros poivre, de la muscade rapée, faites lier sur le feu.

poularde au court bouillon.

Flambez une bonne poularde, faites chauffer les pattes pour en ôter la peau, coupez les griffes à moitié, videz-la et troussez les pattes en les faisant entrer dans le corps, ficelez la poularde et la mettez dans une marmite juste à sa grandeur, avec un petit filet d'huile, deux oignons en tranches, une racine, un panais, un bouquet de persil, ciboule, une gousse d'ail, trois clous de gérofle, deux échalottes, sel, gros poivre, mouillez avec deux verres de bouillon, un verre de vin blanc, une cuillerée de verjus, faites cuire à petit feu; lorsque votre poularde fléchit sous le doigt, passez tout le court-bouillon dans un tamis ; faites-le réduire sur le feu au point d'une sauce ; servez sur la poularde.

poule au riz.

Après avoir vidé et flambé votre poule, vous la mettrez dans une casserolle avec quelques filets de lard ou petit salé, un oignon coupé en tranches, deux gousses d'ail, du persil haché, une feuille de laurier et un petit morceau d'écorce d'orange. Laissez-la roussir pendant quelque temps; que le feu ne soit pas trop violent, et retournez-la souvent.

Quand elle aura pris couleur, ajoutez de l'eau tiède, assaisonnez avec sel, poivre, un clou de girofle et safran. Quand il ne faudra plus à votre volaille que trois quarts-d'heure à peu près pour parvenir à parfaite cuisson, mettez votre riz, dont la quantité doit être proportionnée à celle de l'eau, que vous augmenteriez si elle avait trop réduit, vous rapportant pour cela aux règles que nous avons données pour le pilau.

Pour servir, vous déposerez le riz au fond d'un plat, et vous y étendrez votre poule dessus. Les deux peuvent se manger ensemble, ou le premier servir de potage.

Des pigeons cauchois, de volière et bisets.

Les gros pigeons cauchois, quand ils sont blancs, gros et tendres, servent à faire des plats de rôts, vous les servez bardés ou piqués, suivre le goût du maître; vous en faites aussi beaucoup d'entrées différentes, comme en fricassée et aux pois.

Vous les échaudez et videz, et coupez en quatre, mettez-les dans une casserolle avec un litron de pois fins. Mettez un litron pour quatre pigeons; un filet de bonne huile, un bouquet, passez-les sur le feu, mettez-y une pincée de farine, et mouillez avec du bouillon et un peu de jus.

Quand ils sont cuits, mettez-y une cuillerée de coulis, un peu de sucre gros comme une noisette, et du sel fin.

Si vous n'avez ni jus ni coulis, mettez-y une liaison de trois jaunes d'œufs délayés avec un peu de bouillon.

Vous les mettez aussi coupés en quatre, en fricassée de poulets.

Vous les mettez aussi au roux comme la poitrine de veau.

Vous le servez aussi en fricandeau, à la crapaudine. Vous les faites refaire sur le feu après les avoir vidés; coupez-les en deux, et les accommodez après comme le carré de mouton sur le gril, et les servez de même.

Gros pigeons de plusieurs façons.

Si vous voulez les diversifier de plusieurs façons, faites-les cuire dans une braise comme la
langue de bœuf.

Quand ils sont cuits, dressez-les dans le plat
que vous devez servir ; mettez autour des choux
fleurs cuits dans un blanc, et servez dans une
sauce au beurre.

Une autre fois vous mettrez un ragoût de
concombres et de petits oignons, ou de montans de cardes, comme vous le jugerez à propos.

Des petits pigeons de volière.

Ils se servent pour plats de rôts, faites-les
cuire à la broche enveloppés de lard, et de
feuilles de vignes dans le temps.

Ils servent aussi à faire des entrées de beaucoup de façons.

Si vous voulez les servir en entrée de broche,
vous les flambez et videz ; hachez leur foie avec
un peu de lard et très-peu de sel ; remettez dans
le corps le foie avec le lard, faites-les cuire à la
broche enveloppés de lard et de papier.

Quand ils sont cuits, vous les servez avec différentes sauces ou différents ragoûts.

Comme :

Sauce à l'échalote.   Sauce aux petits œufs.
Sauce à la ravigotte.   Sauce à l'italienne.
Sauce au beurre.

En ragoûts, vous en mettez :

Aux morilles.   Aux petits pois.
Aux mousserons.   Aux montans de cardes.
Aux truffes.   Aux laitues farcies.
Aux pointes d'asperges.

pigeons à la Borghèse.

Prenez deux petits pigeons, ébouillantez-les, retranchez la tête et le bout des ailes. Mettez-les dans une casserolle avec deux ou trois truffes ou quelques champignons, quelques foies de volaille, un foie de veau coupé en quatre morceaux, un bouquet de persil, un bon morceau de beurre ; mettez au feu en ajoutant quelques pincées de farine et un verre de bouillon, pour la délayer, plus un verre de vin blanc, et sel et poivre pilés. Laissez cuire jusqu'à ce que la sauce ait considérablement diminué, et servez après avoir arrosé avec du jus de citron.

pigeons,

Accommodés d'une autre manière.

Après les avoir préparés comme nous venons de dire, faites-les cuire dans la préparation in- indiquée page 153. Quand ils seront presque cuits, ajoutez-y soit des petits pois, soit des fè- ves très-tenndres, des culs d'artichauts, ou au- tres légumes verts, auxquels vous aurez préala- blement donné une demi-cuisson à l'eau.

Des ramiers.

Les ramiers et ramereaux sont une espèce de pigeons sauvages qui se servent pour d'excel- lents plats de rôts.

Vous les piquez et faites cuire de belle cou- leur, *vous en faites* aussi des entrées de plusieurs façons : vous n'avez qu'à consulter l'article des pigeons.

Des dindons et dindonneaux.

Le dindonneau se sert à la broche, piqué ou bardé pour un plat de rôt, principalement quand il est gras et dans la nouveauté.

Quand il est cuit et refroidi, ce que l'on a desservi de la table vous sert à faire différentes entrées.

Vous les coupez par filets et les servez en blanquette. Voyez *Agneau en blanquette*.

Une autrefois à la Bechamel. Voyez *Agneau à la Bechamel*.

Les cuisses se servent sur le gril avec une sauce Robert.

Si vous voulez mettre un dindonneau en entrée, vous le préparez pour la broche, comme j'ai expliqué ci-devant pour les poulets gras.

Faites-les cuire de la même façon, et servez avec les mêmes sauces et ragoûts.

Abatis de dindons

En fricassées au blanc ou roux.

Prenez un ou deux abatis de dindon, qui comprend les ailes, les pattes, le cou, le foie, le gibier, échaudez le tout et l'épluchez, mettez-le dans une casserolle avec un peu d'huile fine, un bouquet de persil, ciboule, une gousse d'ail, deux clous de girofle, thym, laurier, basilic, des champignons; passez le tout sur le feu, et y mettez une bonne pincée de farine, mouillez avec de l'eau ou du bouillon; assaisonnez de sel, gros poivre, faites cuire et réduire à courte sauce. Quand vous êtes prêt à servir, ôtez le bouquet, mettez-y une liaison de trois jaunes d'œufs avec de la crême, faites lier sans bouillir, en servant, un filet de vinaigre ou de verjus; si vous le mettez au roux, après l'avoir fariné, mouillez moitié bouillon et moitié jus, laissez réduire à courte sauce; si vous voulez mettre un abatis aux petits pois, mettez-les dans une casserolle pour les passer avec, et une bonne cuillerée d'huile; farinez et mouillez moitié bouillon et moitié jus, laissez cuire et réduire à courte sauce.

Différentes façons d'accommode les vieux dindons.

Ils servent à faire des daubes : vous les plumez, videz et troussez les pattes dans le corps, faites-les refaire sur la braise; vous les lardez de gros lardons assaisonnés de sel, poivre, persil, ciboule, ail, échalotte, le tout haché.

Mettez-le cuire dans une marmite juste à sa grosseur, mettez-y une chopine de vin blanc, du bouillon, racines, oignons, un bouquet garni, sel, poivre; faites-le cuire à petit feu.

Quand il est cuit, passez le bouillon au tamis et le faites réduire en glace, que vous mettez refroidir, étendez-le sur le dindon , si vous en avez de reste , mettez-le dans le corps.

Vous servez ce dindon dans un plat sur une serviette , garni de persil vert.

Vous pouvez faire de ces dindons des entrées à la braise, comme brezolle , fricandeau , des entrées à la bourgeoise, entre deux plats , comme les noix de veau.

DU GIBIER EN GÉNÉRAL.

Nous comprenons, sous le nom de gibier, les faisans et faisandeaux , les canards sauvages, appelés oiseaux de rivière;

Les sarcelles.	Les ortolans.
Les rouges.	Les ramiers.
Les allouettes ou	Les perdreaux rouges.
mauviettes.	Les perdreaux gris.
Les bécasses.	Les merles.
Les bécassines.	Les grives.
Les cailles et cailletaux.	Les pluviers.
Les rouges-gorges.	Les vanneaux.

Du Gibier à poil.

Les lièvres.	Les lapins.
Les levrauts.	Les lapereaux.

Des bécasses, bécassines et bécots.

Ils se servent tous cuits à la broche pour rôts ; vous les servez piqués ou bardés avec feuilles de vigne, vous ne les videz point. Mettez dessous des rôties de pain en cuisant pour en recevoir ce qui en tombe, et servez-dessus les rôties.

Vous en faites aussi des salmis quand elles sont cuites et refroidies. Voyez ci-après *Alouettes en salmis à la bourgeoise.*

Si vous en voulez faire avec des entrées, pour lors, quand elles sont plumées et flambées, vous les fendez par derrière pour les vider, vous vous servez de tout hors du gesier ; hachez le reste et le mêlez avec du lard râpé, ou un morceau de beurre, persil, ciboule hachés, un peu de sel, mettez cette farce dans leur corps et cousez l'ouverture ; troussez les bécasses et les faites cuire à la broche enveloppées de lard et de papier.

Quand elles sont cuites, servez-les avec sauce au ragoût comme aux perdreaux.

Les bécassines et bécots se servent de même.

Vous en faites aussi des tourtes : pour lors vous les videz et faites une petite farce, comme ci-dessus, que vous mettez au fond de la tourte, et finissez comme il sera expliqué à l'article des tourtes.

Salmi.

Prenez l'intérieur d'une bécasse ou de quelques bécassines, alouettes, grives ou merles
qui aient été rôtis. Enlevez l'extrémité du
dernier intestin qui touche à l'anus. Mettez
le reste dans un mortier avec les têtes. Vous
aurez préalablement ouvert les intestins pour
exclure les aliments de mauvais goût qui pourraient s'y trouver, mais conservant avec soin
les baies de genièvre et autres graines odorantes.

Faites une pâte du tout, en y ajoutant de
l'ail, des échalottes, des ciboules, deux clous
de girofle, deux grains de genièvre et une
feuille de sauge. Quand le tout est bien pétri,
mouillez-le de bouillon et passez-le. Mettez
ce jus sur le feu, dans une casserolle, avec
une bonne cuillerée d'huile, un demi-verre
de vin blanc; laissez réduire à la consistance
d'une légère bouillie, que vous lierez avec de
la râpure de pain.

Ce salmi accompagne fort bien le gibier
de toute qualité.

Bécasses en salmi.

Faites cuire les bécasses à la broche, en les
frottant d'huile et de sel. Quand elles seront

presque cuites, élevez-les, coupez-les par quartiers ; faites avec l'intérieur le salmi dont nous
avons donné la recette page 160. Achevez de
faire cuire vos bécasses avec la préparation à
l'oignon. Versez-y le salmi en question et
servez.

Bécasses farcies.

Ouvrez-les par la partie antérieure pour les
vider. Hachez ensemble tout ce que vous enlèverez, avec du jambon, du persil, des échalottes, du sel, du poivre et de la chair de
saucisse. Remplissez les bécasses avec ce hachis, bardez-les de jambon, faites-les rôtir
enveloppées de papier, et servez-les avec une
sauce piquante à votre choix.

Les bécassines et les pluviers peuvent se
préparer d'après les deux manières qu'on vient
de lire pour les bécasses.

Les perdreaux et perdrix,

Comment accommodées.

Les perdreaux se servent pour rôts : vous les
plumez, videz et piquez ; faites-les cuire de
belle couleur.

Si vous voulez les servir pour entrée, vous les flambez, videz et faites une petite farce de leur foie avec du lard râpé, un peu de sel, persil et ciboules hachés ; mettez cette farce dans le corps; cousez-le pour que rien ne sorte, et leur troussez les pattes sur l'estomac ; faites-les refaire dans une casserolle sur le feu avec un peu d'huile ; faites-les cuire à la broche enveloppés de lard et de papier.

Quand ils sont cuits, vous les servez avec telle sauce et ragoût que vous jugez à propos.

Comme :

Sauce à la carpe.	Ragoûts de truffes.
Sauce à l'Espagnole.	Ragoûts de montans.
Sauce aux zestes	Ragoûts d'olives.
d'orange.	Ragoûts au salpicon.
Sauce à la sultane.	

Vous mettez aussi les perdreaux sur le gril en papillottes.

Perdrix aux choux.

La perdrix rouge est meilleure dans nos contrées que la grise, et vous devez la préférer si vous avez le choix. Prenez-en une ou deux. Après les avoir plumées, flambées, vidées et troussées comme une volaille, faites-les roussir pendant un instant avec un peu de petit salé, et retirez-les.

D'autre part, prenez un chou pommé, que vous mettrez, après en avoir enlevé toutes les feuilles vertes, l'avoir bien lavé, et coupé en quatre ou six morceaux, dans l'eau bouillante, où vous laisserez cuire pendant un bon quart-d'heure. En l'ôtant du feu, mettez-le dans l'eau fraîche, et quand il sera entièrement refroidi, pressez-le bien dans les mains pour en extraire toute l'eau, et étalez les morceaux sur une table de cuisine; assaisonnez avec sel, poivre, épices, mettez au milieu une tranche de jambon, et rapprochez ces morceaux pour les faire adhérer en forme de poire.

Prenez une casserolle qui puisse contenir les choux et les perdrix, couvrez le fond de tranches de lard; mettez au-dessus un oignon en tranches, deux gousses d'ail, une feuille de laurier, deux carottes coupées en tranches, un brin de céléri. Placez sur cet appareil vos perdrix entourées par les choux, au milieu desquels vous introduirez quelques filets de jambon. Il en faut au moins un quarteron pour deux perdrix. Laissez mijoter à sec jusqu'à ce que les platines de lard soient fondues; ajoutez deux cuillerées de bouillon, et laissez réduire,

puis un verre de vin blanc, que vous laisserez
réduire aussi. Cela fait, vous verserez du bouillon, ou, à défaut, de l'eau tiède, suffisamment
pour couvrir le tout, et vous laisserez bouillir
lentement, feu dessus et dessous, pendant quatre heures.

Perdrix aux lentilles.

Faites cuire une ou deux perdrix à la bourgeoise, avec un morceau de bœuf ou de mouton. Mettez dans une casserolle un peu de
graisse blanche, du jambon coupé en petits
morceaux, un oignon haché, et faites sauter.
Mettez les lentilles que vous aurez fait bouillir,
et laissez égoutter. Après les avoir fait sauter
pendant cinq minutes, ajoutez-y une cuillerée
de farine, puis mouillez-les avec le jus des perdrix. Laissez mijoter un quart-d'heure, et servez les lentilles sur les perdrix. Vous aurez assaisonné avec sel et poivre. Ce plat, comme on
voit, est peu coûteux, et d'une préparation bien
plus facile que les perdrix aux choux.

Des vieilles perdrix.

Elles se font toujours cuire à la braise, que vous faites comme celle de la langue de bœuf, en y ajoutant du vin blanc.

Quand elles sont cuites, vous les mettez en terrine avec un coulis de lentilles et petit lard. Voyez poitrine de veau au chou et petit lard, faites-le de même; mais ne faites point blanchir vos perdrix.

Vous les servez aussi avec un ragoût de marrons; un ragoût d'olives, de truffes, de montants de cardons d'Espagne.

Elles se trouvent aussi en pâté chaud et froid, cuites dans le pot pour garnir le milieu d'un potage.

Les perdreaux rouges se préparent et se servent de la même façon que les perdrix et les perdreaux gris.

Des perdreaux et perdrix,

Comment les distinguer.

Les perdreaux gris se connaissent d'avec la perdrix, quand ils ont la première plume de l'aile pointue; le bec noir et les pattes noires, vous êtes sûrs qu'ils sont jeunes; pour la bonté, il faut distinguer la fraîcheur et le bon fumet.

Les perdreaux rouges se distinguent à la première plume de l'aile ; il faut qu'elle soit pointue et tant soit peu de blanc au bout.

Du canard, caneton, oie et oison.

Le caneton se sert aussi cuit à la broche pour un plat de rôt ; si vous voulez le servir pour entrée, mettez-le à différentes petites sauces, faites-le toujours cuire à la broche.

Le canard, caneton, oie et oison s'accommodent tous de la même façon ; on les fait cuire dans une bonne braise avec bouillon, sel, poivre, bouquet garni de toutes sortes de fines herbes.

Quand ils sont cuits, vous les servez avec un ragoût de concombres ou un ragoût de pois ; vous pouvez aussi les servir avec différentes sauces.

Les canards sauvages,

Comment les servir.

Les canards sauvages ou oiseaux de rivière : la femelle est estimée la meilleure, se servent ordinairement pour rôt sans être piqués ni bardés après les avoir flambés et vidés.

Vous en faites aussi des entrées ; étant cuits à la broche, et refroidis, *vous en tirez des filets*

que vous mettez à différentes sauces, comme au
jus d'orange, aux anchois et câpres, en salmis,
que vous trouverez à l'article des alouettes.

Des rouges, sarcelles, albrans,

Comment les accommoder.

Les sarcelles se font aussi cuire à la broche,
flambées et vidées, sans être piquées ni bardées
et se servent pour rôts.

Si vous voulez les mettre en entrée, enveloppez-les de papier et les servez avec ragoût
d'olives.

Aux truffes.   Aux navets.
Ragoût de montants   Ou sauce à la rocambole.
  de cardons.

Les rouges se servent ordinairement pour un
excellent plat de rôt, après les avoir flambés et
vidés.

Les albrans se mangent comme les sarcelles.

Des faisans,

Comment les servir.

Les faisans et faisandeaux se servent ordinairement pour rôt.

Vous les videz et piquez, faites-les cuire à la broche, et les servez de belle couleur.

Vous les servez aussi en entrée de broche, pour lors les faire cuire à la broche avec une petite farce de leur foie, que vous faites en les hachant avec lard râpé, persil, ciboule hachés, sel, gros poivre; enveloppez-les de bardes de lard et de papier, les servez avec une sauce à la provençale ou autre petite sauce dans le goût nouveau.

Vous en faites aussi des pâtés chauds et froids, ou en terrines.

Alouettes de plusieurs façons.

Les alouettes se mettent cuire à la broche piquées ou bardées, moitié l'un et moitié l'autre: vous ne les videz point, et mettez dessous des rôties de pain pour en recevoir ce qui en tombe.

Servez les alouettes sur les rôties pour un plat de rôt.

Elles se mettent aussi de plusieurs façons pour entrée.

Elles se servent en tourte; pour lors vous les videz; ôtez-en le gésier, et le reste, mettez-le avec du lard râpé dans le fond de la tourte, et mettez dessus les alouettes, après leur avoir, sur un gril ou dans une léchefrite, ôté les

pattes et la tête, et que vous les avez pas-
sées sur le feu dans une casserolle avec un
peu de bon beurre, persil, ciboule, champignons, une pointe d'ail, le tout haché, et laissez refroidir.

Vous finirez la tourte comme il sera expliqué
à l'article général des tourtes.

Alouettes en salmis,

à la bourgeoise.

Elles se servent en salmis à la bourgeoise,
quand elles sont cuites à la broche, (vous vous
servez de celles que l'on a desservies de la table)
vous leur ôtez les têtes et ce qu'elles ont dans
le corps, jetez les gésiers, et le reste servez vous-
en avec les rôties ; pilez le tout dans un mortier, délayez ce que vous avez pilé avec un peu
de bon bouillon, passez-le à l'étamine et assaisonnez ce petit coulis de sel, gros poivre, un
peu de rocambole écrasée, un filet de verjus,
faites chauffer dedans les alouettes sans qu'elles
bouillent, et servez garni de croûtons frits.

Toutes sortes de salmis à la bourgeoise se
font de la même façon, en prenant les débris
ou les carcasses pour les faire piler.

Alouettes en ragoût.

Ayez une douzaine d'alouettes que vous plumez, flambez et videz, troussez les pattes pour les faire passer dans le bec comme pour rôt, passez-les dans une casserolle sur le feu avec un morceau de beurre, un bouquet garni, des champignons, un riz de veau; mettez-y une bonne pincée de farine, mouillez avec un verre de vin blanc, du bouillon et du jus ce qu'il en faut pour donner couleur; faites bouillir et réduire au point d'une sauce liée, dégraissez et assaisonnez de sel, gros poivre. Ce même ragoût étant desservi de la table, se peut mettre en caisse; vous foncez le plat que vous devez servir avec une bonne farce de viande, mettez le ragoût dessus, couvrez-le avec de la même farce; unissez avec un couteau trempé dans de l'œuf; panez de mie de pain; faites cuire dessous un couvercle de tourtière, ensuite vous égouttez la graisse, et mettez dans le fond une sauce d'un jus clair.

Alouettes en sauce.

Prenez uue douzaine d'alouettes flambées et vidées, arrangez le bec et les cuisses comme si vous vouliez les mettre à la broche. Mettez-les sur le feu, dans une casserolle, avec un foie de veau, du beurre, un bouquet de persil, des champignons, de la farine délayée dans un verre de vin blanc et autant de bouillon. Laissez bouillir jusqu'à la consistance d'une sauce et dégraissez.

Les petits oiseaux peuvent se préparer, soit comme les alouettes, soit comme les cailles; mais sans les vider.

Des cailles et cailleteaux.

Ils se servent cuits à la broche pour rôts.

Vous les plumez, videz, et faites refaire sur de la braise, enveloppez-les de feuilles de vigne et bardez de lard; faites-les cuire, et servez de belle couleur.

Si vous voulez les mettre en entrée, faites-les cuire dans une braise. Faites avec tranches de veau, un bouquet garni, bardés de lard, un peu de bon beurre, très-peu de sel, un demi-verre de bon vin blanc, une cuillerée de bouillon; faites-les cuire à très-petit feu.

Quand ils sont cuits, retirez-les et mettez dans leur cuisson un peu de coulis, dégraissez la sauce et la passez au tamis; goûtez si elle est assaisonnée de bon goût; servez dessus les cailles et cailleteaux.

En faisant cuire les cailles de cette façon,

vous pouvez les garnir d'écrevisses ou de ris de veau, que vous faites cuire avec les cailles.

Cailles en papillottes.

Nous avons indiqué une manière simple et qui peut être la meilleure, de mettre les cailles en papillotes dans une feuille de vigne, comme les becfigues. En voici une autre :

Préparez vos cailles comme si vous vouliez les mettre à la crapaudine, et laissez-les mariner pendant une demi-journée. Mettez dans un mortier, avec un peu de lard, la marinade d'où vous aurez retiré les cailles, pilez bien et réduisez en pâte le tout ensemble; étendez-le sur des feuilles de papier huilées, en le saupoudrant de râpure de pain, et enveloppez-y les cailles en pliant bien le papier dans tous les sens pour que le jus ne s'échappe pas. Faites cuire sur le gril avec un feu doux et régulier.

On peut apprêter de la même manière les grives, les perdreaux, la volaille, les côtelettes d'agneau et de veau, etc., etc.

Cailles à la crapaudine.

Après avoir vidé et flambé vos cailles, ouvrez-les longitudinalement par le dos, sans endommager l'estomac, applatissez-les comme un beefteak, et mettez-les dans un plat en les assaisonnant avec sel, poivre, épices, un oignon, une feuille de laurier, le tout bien haché et bien mêlé, auquel vous ajouterez un peu d'huile et un peu de jus de citron. Vous laisserez mariner vos cailles pendant douze heures environ dans ce mélange, auquel vous ajouterez de la mie de pain râpé, et vous les y roulerez bien avant de les enlever. Il sera mieux encore, quand elles seront marinées, de les tremper dans de la graisse blanche fondue, et de les rouler ensuite dans de la mie ou de la râpure de pain.

L'une ou l'autre de ces deux opérations étant faite, mettez les cailles sur le gril, et faites-les cuire comme les côtelettes, en les retournant de temps en temps et les arrosant avec une branche de persil trempée dans l'huile.

Entrée de cailles.

Procédez comme nous avons dit pour le pilau de cailles, à partir du moment où, après les avoir vidées et flambées, vous les mettez sur le feu, avec quelques tranches de jambon pour les faire sauter. Quand vous y aurez mis le vin, et qu'il aura réduit, ainsi

que nous l'avons indiqué, ajoutez une cuillerée de farine mouillée avec du jus ou du bon
bouillon, quelques truffes noires, quelques ris
d'agneau, et laissez cuire pendant une bonne
demi-heure.

Cette entrée peut se servir seule, mais plus
habituellement elle est associée à la pàtisserie
et se sert dans un vol-au-vent.

Cailles au veau.

Faites-les cuire à très-petit feu dans une sauce
composée avec des morceaux de veau, des
morceaux de jambon en petites tranches, un
peu d'huile, du sel, un demi-verre de vin blanc,
un bouquet de persil, et une cuillerée de bouillon. Quand elles seront cuites, retirez-les et
mettez dans la sauce un peu de coulis de viande ;
dégraissez et passez au tamis ; faites réchauffer
et mettez sur les cailles.

Les grives, merles et alouettes, s'accommodent de la même manière.

Becfigues.

Ce petit oiseau est, sans contredit, ce qu'il y
a de plus fin et de plus délicat parmi les vola-
tiles, et sa saveur est certainement supérieure
à celle de l'ortolan, dont la réputation est ce-

pendant bien plus brillante. Malheureusement
son passage est de courte durée, et les contrées
où on le chasse sont peu nombreuses ; il faut
donc saisir, quand on le peut, ces deux circonstances à la volée.

Il n'est qu'une manière de manger le becfigue, et hors de celle-là point de salut. La voici : après avoir plumé l'oiseau et lui avoir coupé
les pattes, enveloppez-le soigneusement dans
une feuille de vigne, que vous lierez avec un
bout de fil ; vous aurez préalablement roulé le
becfigue dans de la râpure de pain, un peu de
fenouil pulvérisé, du sel et très-peu de poivre,
et vous aurez enduit la feuille de vigne intérieurement avec de la bonne huile. Mettez cette
papillotte sur le gril à un feu qui ne soit pas
très-violent, et retournez souvent, sans attendre
que la cuisson soit complètement opérée d'un
côté.

Le becfigue ne demande pas à être gardé
comme les autres gibiers. On peut, au contraire, le faire cuire immédiatement après l'a-
voir tué. Sa saveur et son osmazone sont si vo-
latisables et si-délicats, qu'ils ne peuvent que
perdre par une trop longue conservation.

Tous les petits oiseaux, l'ortolan, le bruant,
le rouge-gorge, les mésanges à tête noire et à

tête rousse, et même la caille, qui appartient à une autre ordre d'oiseaux, s'apprêtent très-convenablement de la manière que nous venons d'indiquer, et c'est même, comme nous l'avons dit, celle qui leur convient le mieux.

Il est une foule de petits oiseaux que l'on confond quelquefois avec le becfigue. Le véritable gastronome reconnaît aisément ces usurpations, et ne se trompe pas plus au goût et au fumet que le naturaliste au plumage. On trouvera dans les notes quelques mots à cet égard, et l'indication des oiseaux qui, sans valoir le becfigue, peuvent marcher immédiatement après.

DU GIBIER A POIL.

Des levrauts et lièvres.

Les levrauts se servent pour rôt. Otez la peau et les videz, faites-les refaire sur de la braise et les piquez. Quand ils sont cuits, vous les servez avec une sauce au vinaigre, poivre et sel, que vous servez dans une saucière.

Si vous voulez les mettre en entrée, quands ils sont cuits et refroidis, vous en tirez des filets, que vous mettez dans une poivrade liée, et servez pour entrée.

Vous les servez aussi en filets dans une sauce à l'échalotte, ou différentes sauces piquantes.

Le lièvre se met en civet; vous le coupez par membres, gardez-en le sang, s'il y en a; faites-le cuire dans une casserolle avec un peu de graisse, un bouquet bien garni, passez-le sur le feu, mettez-y une bonne pincée de farine, et mouillez avec du bouillon, une chopine de vin blanc; assaisonnez de sel, poivre; quand il est cuit, si vous avez de son sang, mettez-le dedans, et faites lier la sauce sur le feu comme une liaison, et servez à courte sauce.

Vous faites aussi des pâtés de lièvre, gâteaux de lièvre, pâtés de lièvre à la bourgeoise.

Des lapins et lapereaux,

comment connaître les jeunes.

Pour connaître un lapereau d'avec un lapin, il faut le tâter sur le dehors des pattes du devant, au-dessus du joint. Si vous y trouvez une grosseur comme une petite lentille, c'est une marque qu'il est jeune; vous le connaissez encore à la tête, parce qu'il a le nez plus pointu et l'oreille plus tendre : cette marque n'est point si sûre que celle de la patte.

Pour le fumet, il faut les flairer au ventre, et l'usage vous apprendra à connaître les bons.

Vous connaissez le levraut d'avec le lièvre de la même façon.

Civet de lièvre ou de lapin.

Nous ne répéterons pas comme la cuisinière bourgeoise : pour faire un civet de lièvre, prenez un lièvre; nous pensons que nos lecteurs doivent être convaincus de cette première nécessité; mais nous leur dirons : Faites roussir avec de la graisse blanche ou de l'huile, un oignon hâché, ajoutez-y un peu de jambon coupé en petits morceaux. Quand l'oignon sera roussi, mettez l'animal en morceaux, vous en aurez conservé de côté le foie, le cœur et le sang figé trouvé dans le corps. Vous n'ajouterez ces accessoires que quand vous aurez fait sauter le reste pendant un quart-d'heure environ. Quand vous les aurez mis, vous ferez cuire et sauter pendant quelques minutes encore, après quoi, vous ferez

votre sauce avec un verre de vin blanc ou de
bon vin rouge, une feuille de laurier, un petit
morceau d'écorce d'orange, un brin de thym,
sel et poivre. Vous délayerez aussi avec le vin
une petite cuillerée de farine pour lier la
sauce. Vous pouvez également y faire une liaison avec un jaune d'œuf avant d'ôter du feu.
Après avoir mis le vin, vous laisserez cuire à
petit feu pendant une heure.

La manière de faire rôtir le gibier est tellement connue, qu'il nous a paru à peu près inutile de la mentionner. Nous rappellerons, toutefois, qu'après l'avoir troussé et bardé de lard,
en plaçant, quand on le peut, une feuille de
vigne intermédiaire entre le gibier et le lard,
on doit le faire cuire à un feu vif, parce que
s'il y reste exposé trop longtemps, il se dessè-
che et perd son suc. Vingt minutes suffisent
pour la caille, un peu moins pour les petits
oiseaux, et à proportion pour la bécasse, la
perdrix et la volaille, selon la grosseur.

On ne doit pas oublier que, parmi le gibier,
la caille et la perdrix sont les seules qui doivent
être vidées. Pour les autres, on met au-dessous,

des tranches de pain légèrement arrosées
d'huile et de beurre, qui se couvrent du jus et
du résidu du gibier, et qu'on expose pendant
quelques instants au feu. On sert le gibier sur
ces tranches.

LÉGUMES.

Petits pois au naturel, au sucre et au jambon.

Personne n'ignore que plus les petits pois
sont frais et tendres, meilleurs ils sont. C'est
donc ainsi qu'il faut les choisir si on veut les
manger bons. Voici comment on les accom-
mode au naturel.

Après les avoir égrenés, mettez-les à la
casserolle avec du beurre ou de l'huile, faites-
les sauter pendant un quart-d'heure ; ajoutez
un peu de sel et une pincée de sucre, un oignon, une feuille de laurier, un bouquet de
persil attaché avec du fil, et laissez bouillir
assez lentement pendant trois quarts-d'heure
encore, après quoi faites une liaison avec un
ou deux jaunes d'œufs, et enlevez le bouquet
de persil avant de servir.

Pour les petits pois au sucre, ne mettez
qu'une très-légère pincée de sel, et chargez,
au contraire, la dose du sucre.

Au jambon, coupez votre jambon en petits morceaux, faites-les sauter à la casserolle avec un peu de beurre ou d'huile pendant cinq minutes, mettez-y vos pois, et pour tout le reste, procédez comme pour ceux au naturel.

Fèves au naturel,

au sucre, au lard et en macédoine.

Il en est des fèves comme des petits pois. On doit y renoncer si elles ne sont très-fraîches et très-tendres.

Quand elles auront été cueillies ainsi et égrenées, mettez-les sur le feu avec de l'eau, qui les recouvre à peine, retirez-les quand l'ébullition commencera, et faites-les égoutter dans une passoire. Mettez-les ensuite dans un poêlon avec de l'huile ou du beurre, très-peu d'eau, du sel, une pincée de sucre, une cuillerée de farine, un oignon coupé en quatre, une très-petite laitue ronde, un bouquet de persil et de deux feuilles de menthe liées ensemble. Laissez bouillir pendant une heure en faisant sauter de temps en temps, surtout au commencement; faites une liaison avec deux jaunes d'œufs, et enlevez le bouquet avant de servir.

Les fèves seront en macédoine par l'adjonction de cinq ou six culs d'artichauts que vous mettrez en même temps.

Pour les faire au sucre ou au jambon, vous procéderez comme nous l'avons indiqué pour les petits pois.

Oignons farcis.

Prenez des oignons très-gros et très-sains. Après les avoir pelés, trempez-les dans l'eau bouillante, où vous les laisserez pendant deux ou trois minutes. Enlevez un petit rond de la partie supérieure, et évidez l'oignon de manière à enlever tout l'intérieur et à ne laisser que deux ou trois écorces, sans percer le fond autant que possible.

Composez un hachis avec un morceau de viande, un petit morceau de mou et un rognon de mouton ; du petit salé, de la chair de saucisse ; assaisonnez avec poivre et sels fins, hâchez aussi menu que possible, et remplissez les oignons avec cette farce. Mettez-les dans une casserolle avec quelques morceaux de petit salé, laissez roussir pendant deux ou trois minutes, ajoutez du bouillon, et faites bouillir lentement, feu dessus et dessous, jusqu'à ce que le bouillon où vous aurez jeté une feuille de laurier et un clou de girofle, soit presque entièrement consumés, vous servirez dans le même plat.

Artichauts farcis.

Faites un hâchis composé des mêmes objets que nous avons indiqués pour les oignons farcis. Après avoir nettoyé et coupé vos artichauts comme pour les mettre à la barigoule, écartéz-en les feuilles et remplissez les intervalles avec ce hâchis, que vous aurez préalablement fait roussir. Rangez-les au fond d'une casserolle, de manière à ce que la farce ne se renverse pas, mouillez avec du bouillon et faites cuire feu dessus et dessous.

Pour farcir les artichauts au maigre, vous composerez le hâchis avec un anchois, de la mie de pain emmiettée, un ou deux jaunes d'œufs durs, persil, ail, sel et poivre. Vous ne ferez pas roussir cette farce. Après avoir farci les artichauts, vous verserez sur chacun un petit filet d'huile, et vous en garnirez le fond de la casserolle où vous les placérez. Après avoir laissé roussir pendant quelques minutes, vous ajouterez un demi-verre d'eau, et vous laisserez cuire feu dessus et dessous.

Maquereaux à l'huile.

Après avoir lavé et essuyé vos maquereaux qu'on n'écaille pas, ôtez-en la tête, mettez-les en papillotte dans une feuille de papier huilée, et placez-les sur le gril. N'attendez pas qu'ils soient complètement cuits d'un côté pour les retourner, mais répétez cette opération à plusieurs reprises. Elle conservera les sucs nutritifs du poisson, et empêchera le papier de prendre feu.

Quand vous jugerez que la cuisson est arrivée à son point, ôtez les maquereaux du papier, fendez-les longitudinalement par le dos, introduisez dans l'intérieur un filet d'huile saupoudré de sel et poivre, et un peu de persil. Mettez au fond de ce plat encore un peu d'huile, du sel, du poivre et du persil, et placez-le sur un feu très-doux jusqu'à ce que l'huile soit chaude.

ŒUFS.

—

Œufs farcis aux épinards.

Quand vous aurez bien hâché les épinards,
ajoutez - y quelques feuilles d'oseille, deux
gousses d'ail, un peu de persil, un anchois,
et hâchez le tout ensemble bien menu. Mettez
sur le feu, dans une casserolle, avec de l'huile,
laissez roussir et absorber l'eau que rendront
les épinards. Assaisonnez avec sel, poivre, une
pincée de sucre et une feuille de laurier. Quand
le tout sera sec, ayez de la mie de pain râpée et
bien fine, mêlez-y une cuillerée à café de farine, amalgamez les deux ensemble, et mêlez-les
avec les épinards en remuant avec une cuiller.

Pendant ce temps, vous aurez fait durcir
vos œufs sur un autre fourneau. Vous les
couperez longitudinalement par le milieu, et
vous en extrairez le jaune, que vous délayerez avec du lait, ou, à défaut, avec de l'eau
tiède. Mettez ce liquide dans une petite casserolle pour achever de fondre les jaunes d'œufs
et leur faire prendre une certaine consistance ;
versez-le sur les épinards, mêlez bien et transvasez sur un plat à gratin, au fond duquel

vous aurez mis un peu d'huile et de mie de
pain. Le mélange étant bien uni dans le plat,
vous rangerez au-dessus les blancs d'œufs dur-
cis, que vous saupoudrerez de râpure de pain.
Laissez achever de cuire avec un feu très-mo-
déré, dessous et dessus, pendant un bon
quart-d'heure.

Œufs aux épinards.

Hâchez vos épinards avec du persil et de l'ail,
et mêlez-y du sel pilé pour leur faire rendre
l'eau ; faites-les roussir avec de la bonne huile,
que vous ne devez pas épargner, [9] ayant soin
de les presser fortement et d'en exprimer l'eau
avant de les mettre dans la casserolle. Dès qu'ils
sont à moitié roussis, sur six œufs et une quantité proportionnée d'épinards, ajoutez un morceau de pain, croûte et mie, de la grosseur
d'une orange à peu près, et que vous aurez
laissé tremper dans l'eau pendant trois quarts-
d'heure au moins. Mêlez-le bien avec les épinards en l'écrasant avec la cuiller, et tournant
en tous sens. Après avoir ajouté poivre et sel
et quelques filets d'eau par intervalle, si votre
mélange devenait trop sec, achevez de faire
cuire en ajoutant de la bonne huile ; retirez du
feu, laissez refroidir ; cassez vos œufs dans le

mélange, brouillez bien le tout, recouvrez de râpure de pain; ayez un feu très-léger dessous, un peu plus violent dessus; laissez en cet état pendant dix minutes au plus, et servez dans la casserolle.

Œufs brouillés.

Mettez dans une casserolle une quantité égale de beurre et d'huile, battez-y vos œufs, avec un peu de sel, de poivre, de noix muscade et de bouillon. Agitez constamment avec un petit balai d'osier, et ne laissez pas trop cuire. Avant de servir, jetez dessus un peu de jus de viande.

Vous pouvez y ajouter aussi un peu de fromage râpé, des pointes d'asperges ou autres légumes frais et tendres, et préalablement bouillis.

Œufs à la coque.

Il est cent manières de les faire, qui, toutes restent en deça du but ou le dépassent, qui donnent des œufs durs ou des œufs qui ne sont pas cuits. Quelques cuisinières mettent à l'eau froide, d'autres à l'eau bouillante; les unes, pendant la cuisson, récitent un *Pater*, les autres, un *Ave Maria.* Voici notre méthode, nous la donnons parce que nous la croyons simple et bonne.

Faites bouillir l'eau, mettez-y les œufs, retirez-les du feu, et laissez-les séjourner pendant quatre ou cinq minutes au plus. Ils doivent être cuits au point, ni trop durs, ni trop mous.

Omelette de famille.

Battez bien six œufs, et ajoutez-y une égale quantité d'eau, du sel, six cuillerées de pain râpé, trois de fromage râpé, du persil haché; mêlez le tout et battez encore. Doublez l'omelette, et enlevez-la avant qu'elle soit trop cuite.

De la fondue.

Nous avons donné la recette des œufs brouillés, tels qu'on les fait habituellement. La fondue n'est autre chose que des œufs brouillés au fromage. Originaire de la Suisse et peu usitée en France, elle mérite cependant d'être connue.

Prenez la quantité d'œufs dont vous voudrez faire la base principale de votre fondue, un morceau de fromage de bon gruyère, pesant le tiers du volume total de vos œufs, et un morceau de beurre entier, en pesant le sixième.

Cassez et battez les œufs dans une casserolle, puis mettez-y le morceau de beurre entier et lé fromage râpé. Posez la casserolle sur un feu vif et tournez sans arrêter avec une cuiller de bois jusqu'à ce que les œufs aient pris consistance, et retirez du feu aussitôt, et sans cesser de tourner. La chaleur de la casserolle aura terminé d'opérer la cuisson.

En mettant le beurre et le fromage, vous assaisonnerez avec du poivre et très-peu ou même point de sel.

COQUILLAGES.

—

Moules farcies.

Après avoir bien lavé et nettoyé vos moules, faites un hachis exactement pareil à celui que nous avons indiqué pour les œufs farcis. Ouvrez les moules, sans les faire cuire, remplissez-les avec cette farce, et attachez les deux coquilles l'une contre l'autre avec du fil. Mettez dans la casserolle et faites roussir pendant quelques minutes. Ajoutez ensuite de l'eau en quantité suffisante pour couvrir à peine les moules et assaisonnez légèrement avec sel, poivre, une gousse d'ail et persil hachés. Vous aurez assaisonné le hachis comme il a été dit. Laissez bouillir à un feu modéré pendant une heure environ, et vous lierez la sauce avec quelques pincées de farine ou de râpure de pain. Les œufs qui entrent dans cette farce doivent être cuits.

Clovisses et moules en entrée.

Mettez vos coquillages sur le feu et faites-les ouvrir comme si vous vouliez en faire un pilau. En les retirant à mesure qu'ils s'ouvrent, conservez une des deux coquilles, celle à laquelle adhère le coquillage, versez l'eau qui reste au fond du poêlon dans un bol, et laissez-la déposer.

Mettez dans une casserolle un anchois, du persil, de l'ail, une pomme d'amour bien hachés; laissez roussir un instant, ajoutez vos coquillages, faites sauter pendant cinq minutes et versez de l'eau tiède, en assaisonnant avec poivre et sel. Avant de servir, faites une liaison avec un ou deux jaunes d'œuf. L'eau dont vous vous servirez doit se composer d'un tiers de celle qui a été rendue par les coquillages, et de deux tiers d'eau ordinaire.

DE LA PATISSERIE.

Je n'entrerai point ici dans le détail général de toute la pâtisserie; il suffit qu'une cuisinière puisse servir une table bourgeoise, et qu'elle sache faire des tourtes de plusieurs façons pour entrées et pour entremets en gras et en maigre, et en pâtisseries froides

Pour des entremets de milieu qui servent plusieurs fois, l'essentiel est de se bien attacher à faire la pâte de la façon qu'elle sera expliquée; et pour la cuisson des viandes qu'on mettra en pâte, de savoir combien il leur faudra de temps pour être cuites à la braise, et de ne la laisser jamais qu'une demi-heure de plus dans le four.

Autre article très-essentiel pour les personnes qui font de la pâtisserie, c'est de savoir gouverner et connaître le four dont on se sert.

Pour cet effet, si ce sont des pièces qui soient longues à cuire, faites chauffer le four longtemps, vous ne risquez rien de le faire chauffer plus qu'il ne faut, pourvu que vous le laissiez abattre de sa chaleur, c'est-à-dire après que le four est nettoyé, fermez-en la porte, et soyez une demi-heure avant que de rien enfourner; par ce moyen vous ne risquerez point de brûler votre pâtisserie.

Pour les pièces qui ne sont point longues à cuire, vous aurez soin que le four ne soit pas si chaud, principalement pour la pâtisserie de feuilletage, qui cuirait trop promptement, et n'aurait pas le temps de monter.

De la pâte brisée pour les tourtes.

Sur un quart de farine, mettez cinq quarterons de bon beurre, environ une once de sel, vous vous réglerez sur cette dose pour le plus ou le moins que vous ferez de pâte.

Mettez votre farine sur une table bien propre, faites un trou dans le milieu pour y mettre le sel, le beurre en petits morceaux, mettez-y de l'eau avec prudence, parce que si vous en mettiez trop, votre pâte serait trop claire, et n'aurait pas de soutien ; vous maniez bien le beurre avec l'eau, et petit à petit avec la farine.

Quand la farine a bu toute l'eau, vous pétrissez ensuite à force de bras ; votre pâte ne saurait être trop épaisse, pourvu qu'elle soit bien liée, et qu'il n'y ait point de grumelots dedans ; vous aurez soin de faire cette pâte au moins deux heures avant que de vous en servir pour qu'elle ait le temps de revenir.

C'est avec cette pâte que vous ferez toutes sortes de tourtes pour entrée, comme viande de boucherie, gibier, volaille, poissons.

Les tourtes que vous pouvez faire de différentes façons en volaille, sont d'une poularde coupée en quatre, de petits pigeons entiers ou coupés en deux, quand ils sont gros, des ailerons de dindons.

Vous prendrez ce que vous jugerez à propos, que vous échauderez, et le ferez bouillir un instant dans l'eau, pour le retirer tout de suite à l'eau fraîche.

Il faudra bien éplucher, vous prendrez votre tourtière pour y mettre un morceau de pâte dessus de l'épaisseur d'un écu, que vous aurez abattu avec un rouleau, mettez dessus cette pâte la viande que vous avez préparée, avec sel, poivre, et dans tous les vides du bon beurre, couvrez la viande avec des bardes de lard, mettez dessus la viande une pareille abaisse que vous avez mise dessous; mouillez avec de l'eau et un doroir les deux endroits qui doivent se toucher ensemble, et les pincez tout autour pour qu'ils se collent ensemble ; faites ensuite un bord en tournant autour avec le pouce ; prenez un œuf que vous battez, blanc et jaune ensemble, et avec le doroir ou une plume, frottez-en tout le dessus de la tourte.

Faites-la cuire au four trois heures ; un quart-d'heure après qu'une tourte est au four, il faut la sortir pour faire un trou au milieu pour

laisser sortir la fumée qui la ferait fuir, et la remettre tout de suite dans le four.

Quand elle est cuite, vous ôtez le dessus en
la coupant tout autour près du bord ; ôtez la
graisse qui est dans la tourte, et les bardes de
lard, et avec une cuiller à bouche vous enlevez
ce qui est en dedans du bord qui n'est pas cuit.

Vous avez ensuite dans une casserolle une
bonne sauce toute prête et d'un bon goût que
vous mettez dans la tourte

Si vous avez de quoi faire un bon ragoût de
ris de veau et champignons, fini d'un bon
goût que vous mettrez dedans, elle n'en sera
que meilleure ; recouvrez-la avec son dessus, et
servez.

Voilà la façon que vous observerez pour
toutes sortes de tourtes.

Pour entrée, soit en gras ou en maigre, il
n'y aura que les viandes qui seront dedans,
leur assaisonnement, le temps de leur cuisson,
et les sauces différentes, qui en feront le changement ; pour ce qui regarde la pâte, c'est toujours la même répétition.

Des Timbales.

Pour faire toutes sortes de timbales, faites
une pâte de cette façon ; mettez sur une table

un litron de farine, faites un trou dans le milieu pour y mettre un peu d'eau, un demi-verre
d'huile d'olive, un quarteron de graisse blanche,
deux jaunes d'œufs, un peu de sel, pétrissez
cette pâte, qu'elle soit bien ferme, ensuite vous
en prenez les deux tiers que vous abattez avec
un rouleau, de l'épaisseur d'un petit écu, mettez cette pâte dans une petite casserolle, éten-
dez-la dans le fond et autour, pour qu'elle
prenne bien la forme de la casserollè, prenant
garde de la percer, mettez dessus tel ragoût de
viande ou de poisson que vous voudrez, pourvu
qu'il soit cuit, refroidi et courte sauce (vous
pouvez même déguiser de cette façon toutes
sortes de ragoûts qui ont déjà été servis) après
vous abattez aussi la pâte que vous avez mise à
part de la même épaisseur, couvrez-en la viande, et mouillez les bords pour les coller ensemble, de la même façon que vous feriez pour une
tourte ; pincez tous les bords pour les coller
ensemble, faites cuire au four ou à la braise,
vous enterrerez la casserolle de cendres chaudes, et du feu sur un couvercle ; quand la
pâte de votre timbale sera cuite, vous la
renverserez doucement sens-dessus dessous
dans le plat que vous devez servir ; faites un
trou dans le milieu, de façon que vous puis-

siez remettre le morceau de pâte que vous aurez ôté pour qu'il n'y paraisse pas. Mettez dans la timbale une sauce telle que vous jugerez à propos, suivant la viande que vous aurez mise dedans.

Beignets ordinaires et crêpes.

Mêlez de la fleur de farine avec de l'eau froide, et battez pendant longtemps avec une cuiller ou une spatule, de manière à former une pâte très-légère et à la consistance de crême. Ajoutez-y des jaunes d'œufs dans la proportion de six au moins pour une demi-livre de farine, une demi-livre de sucre, quelques zestes de citron, une cuillerée à café d'eau de fleurs d'oranger. Battez bien le tout de nouveau et laissez-le fermenter pendant dix à douze heures.

Quand vous voudrez faire vos beignets, attendez que l'huile ait acquis une extrême chaleur, et versez-y votre pâte avec une cuiller à bouche, en faisant attention à ce que les beignets soient assez espacés pour ne pas se toucher. L'huile doit être assez abondante dans la poêle pour que les beignets y soient entièrement plongés. Quand ils auront acquis une couleur rousse, vous les enlèverez avec une écumoire, les laisserez égoutter, et les servirez après les avoir saupoudrés de sucre rafiné râpé.

Les crêpes, dont il se fait une grande consommation en Provence le mardi gras, se font avec la même pâte. Toute la différence consiste à remplir d'une mince couche de cette pâte toute la circonférence de la poêle, et à la retourner quand elle est cuite d'un côté, ce qui n'est pas une opération très-facile, et exige quelque habitude et quelque adresse. On empile, pour les servir, les crêpes l'une sur l'autre, après les avoir saupoudrées de sucre.

Beignets de riz.

Vous préparerez la pâte comme pour les beignets ordinaires. Quand elle aura reposé comme nous l'avons dit, pendant dix ou douze heures, vous ferez bouillir du riz en quantité égale à celle de la farine que vous aurez employée. Vous le retirerez du feu aussitôt que les grains auront crevé et avant qu'ils commencent à former la crème. Vous le laisserez complètement refroidir et vous le verserez dans la pâte avec laquelle vous l'amalgamerez en battant longtemps avec une cuiller. Pour faire les beignets, vous procèderez comme nous venons de l'indiquer ci-dessus.

Beignets de pommes, d'artichauts, de salsifis, d'aubergines, etc.

Faites une pâte comme celle que nous avons indiquée pour les beignets ordinaires, c'est-à-dire moins chargée de farine, et n'y mettant que deux jaunes d'œufs. Pour les beignets de pommes, pour ceux qui doivent être saupoudrés de sucre, ajoutez-y le sucre, le zest de citron et l'eau de fleurs d'oranger. N'en mettez pas pour ceux qui doivent être mangés au sel.

Coupez les pommes par tranches de deux ou trois lignes d'épaisseur, après les avoir pelées.

Enlevez bien tout le dur des artichauts, coupez-les chacun en quatre ou cinq tranches, et faites-les macérer dans l'eau pendant un petit quart-d'heure.

Faites blanchir les salsifis et les cœurs d'artichauts, dont on fait aussi d'excellents beignets.

Pelez les aubergines, coupez-les par tranches, faites-les dégorger en les saupoudrant de sel, et pressez-les bien avant de vous en servir.

Ces notions doivent suffire pour indiquer la préparation à faire subir aux autres aliments qu'on veut accommoder en beignets.

Quand cette préparation sera faite, vous laisserez chauffer l'huile, comme nous avons dit, à un haut degré, vous tremperez chaque morceau ou chaque tranche dans la pâte et vous les mettrez dans la poêle, où l'ébullition doit toujours aller grand train.

On peut encore faire frire tout ce que nous avons mentionné, sauf les pommes toutefois, en le roulant simplement dans la farine, mais cette friture est bien loin de valoir celle qui est confectionnée avec la pâte.

Dans le nord, on fait frire au beurre et à la graisse. Vous ne vous servirez que d'huile si vous voulez obtenir un résultat satisfaisant.

Crèmes.

Prenez pour sept à huit personnes, trois jaunes d'œufs, mêlez-les bien avec un demi-quarteron de sucre jusqu'à en former une pâte, que vous parfumerez avec très-peu de canelle en poudre et de zest de citron. Mettez sur le feu une pinte de lait. Quand la pellicule com-

mencera à se former au-dessus du liquide, versez votre pâte d'œufs et de sucre en remuant
circulairement jusqu'à ce que le tout ait pris de
la consistance , et avant que l'ébullition se pro-
nonce. Passez dans un tamis, remettez le résidu dans un plat, et glacez-le dessus avec du
sucre brûlé, ou avec du sucre froid, que vous
rissolerez légèrement avec un fer chaud.

Le Café.

Il est extrêmement rare que dans les ménages on fasse d'aussi bon café que dans les éta-
blissements spécialement consacrés à la confection de cette boisson. La raison en est simple : dans les maisons bourgeoises, on conserve
habituellement une certaine quantité de café
pulvérisé pour s'en servir chaque jour, et cette
poudre doit nécessairement perdre son arôme
par le contact de l'air, tandis que dans les éta-
blissements publics on n'emploie que celle qui
vient d'être moulue à l'instant même.

C'est ici, au surplus, le lieu de placer une
observation indispensable : plusieurs expé-
riences ont prouvé que le café torréfié, pilé
dans un mortier, avec un pilon de bois, est
bien préférable à celui qui est trituré dans un
de ces petits moulins destinés à cet usage. Les

Turcs, qui ont connu le café avant nous, qui
en prennent à toute heure du jour, et qui sont
nos maîtres à cet égard, ne se servent que du
pilon et du mortier, et font grand cas de ces
ustensiles, quand ils ont longtemps rempli les
mêmes fonctions. Un vieux pilon à café se vend
quelquefois fort cher.

Il est une foule de manières de faire le café.
Chacun a la sienne, et tous les jours on en
propose de nouvelles. Sans les décrire toutes,
nous nous bornerons à celle qui nous a paru
préférable pour les résultats, et qui n'entraîne
ni peine ni difficultés. C'est celle qu'on appelle
à la Dubelloy. L'appareil est un petit vase en
argent, porcelaine ou fer-blanc, divisé en deux
parties, qui s'emboitent l'une dans l'autre. Le
fond de la supérieure est percée de très-petits
trous; on y met la poudre du café, on la remplit
d'eau bouillante, on la couvre avec soin et après
avoir laissé filtrer, on fait réchauffer jusqu'à
ébullition ce premier résidu et on le reverse
sur la poudre. Le café obtenu par ce moyen,
est aussi bon et aussi clair que possible.

Si vous êtes réduit à vous servir d'une cafe-
tière ordinaire, faites bouillir l'eau, versez la
poudre en remuant avec la cuiller, laissez je-
ter deux ou trois bouillons, versez un filet

d'eau fraîche pour que la poudre se précipite au fond, et faites reposer jusqu'à ce que la liqueur soit parfaitement limpide. On peut aussi tirer à clair et faire bouillir de nouveau.

Le chocolat.

Il est inutile d'indiquer la quantité de chocolat qu'il faut pour une tasse : elle est marquée sur les tablettes et équivaut à peu près à une once et demie.

Pour la consommation immédiate, on met le chocolat entier à l'eau froide. A mesure que celle-ci commence à s'échauffer, on la remue avec une cuiller ou une spatule de bois, sans s'arrêter et jusqu'à ce que le chocolat soit entièrement fondu et parvenu à une certaine consistance.

On doit se garder de racler le chocolat avec un couteau ou de le piler : ces opérations le rendraient plus fade et détruiraient une partie de son arôme.

Un auteur en qui nous avons toute confiance assure que quand on a bien et copieusement déjeuné, si on avale sur le tout une ample tasse de chocolat, on aura parfaitement digéré, trois heures après, et on dînera quand même. C'est une expérience à faire, d'où il ne peut résulter rien de fâcheux.

Punch ordinaire.

Faites du thé auquel vous ajouterez, quand il sera fait et reposé, un peu de cannelle râpée et de zest de citron. Mélangez par égales parties de l'eau-de-vie, du rhum et du sucre, c'est-à-dire un tiers de chacun, et que ce mélange soit égal à la quantité du thé. Faites bien fondre le sucre, dans cet amalgame que vous pouvez faire brûler ensuite, si vous voulez adoucir votre punch et le rendre moins fort. Mais on peut toujours se dispenser de cette opération. Mettez ensemble ce mélange et le thé, après l'avoir fait réchauffer, s'il n'était par trop refroidi pendant l'opération. En le servant, vous pouvez le flamber par l'adjonction de quelques cuillerées d'alcool.

Punch aux œufs.

Faites un punch comme nous venons de le décrire, c'est-à-dire mélangez le thé, l'eau-de-vie et le rhum sans sucre. Pour un punch destiné à sept ou huit personnes, prenez trois œufs dont vous séparerez le jaune et le blanc. Broyez les jaunes avec un hectogramme de sucre et remuez bien le tout pour en former une pâte homogène et compacte. D'autre part battez avec un petit balai de millet, les blancs, jusqu'à ce qu'ils forment l'écume, mêlez-les avec les jaunes et le sucre, et battez de nouveau jusqu'à ce que le tout soit bien amalgamé. Vous aurez pris pour cette opération un vase qui puisse contenir le punch tout entier, vous y verserez votre préparation qui doit être bouillante, et que vous amènerez à ce point, si elle s'était refroidie dans l'intervalle. En versant le liquide bouillant, il ne faut pas cesser de remuer circulairement pour que les œufs ne se figent pas ; ce qui arrive quelquefois, surtout si l'ébullition a été trop intense. On conçoit que ce punch, qui est très-doux et à l'usage des dames, ne s'allume pas.

OBSERVATIONS GÉNÉRALES.

Tous les auteurs qui ont écrit sur la cuisine répètent souvent, et presque à chaque article de leur formulaire, cette sage recommandation : *servez chaud.* Nous ne saurions trop la rappeler, même pour les plats qui se conservent et se mangent froids, tels que le bœuf, les poissons au gratin, etc., car s'il est vrai qu'ils aient encore plus de saveur, sous cette dernière condition, il faut attendre qu'ils y soient arrivés, et les servir ou très-chauds, ou entièrement refroidis. Pas de juste milieu sur ce point.

Nous n'avons parlé des pommes d'amour que comme conserves et pour donner la manière de les servir. Nous devons ajouter ici, une fois pour toutes, que la pomme d'amour fait très-bien dans toutes les sauces que nous avons expliquées; point de salut sans elle, et dans la saison, servez-vous-en. Le premier axiôme de la cuisine provençale est celui-ci : la pomme d'amour va bien partout.

Les légumes verts destinés à faire bouillir doivent être mis à l'eau bouillante, les secs à l'eau froide. Ne mettez qu'une petite quantité d'eau, sauf à l'augmenter si elle diminue trop, en ajoutant de l'eau tiède, et toujours peu à la fois. Ne salez que lorsque les légumes seront presque cuits. Quand vous les aurez retirés et bien égouttés, remettez-les dans le vase où vous les avez fait cuire, couvrez-le soigneusement avec une serviette qui embrasse le couvercle, laissez-les là pendant cinq ou six minutes, sur un feu très-doux, ou plutôt sur le fourneau encor chaud, dont vous aurez retiré tout le feu.

De la Friture.

Nous croyons devoir emprunter sur ce sujet quelques lignes à l'aimable auteur de la *Physiologie du Goût;* nos lecteurs y gagneront, car nous n'avons absolument que les mêmes choses à dire pour le fond, et nous sommes loin de la prétention de les exprimer aussi élégamment. Ce fragment fait partie d'une allocution adressée par l'auteur à son préparateur en chef.

« La friture fournit encore aux cuisiniers bien des moyens pour masquer ce qui a paru la veille, et leur donne au besoin des secours pour les cas imprévus; car il ne faut pas plus longtemps pour frire une carpe de quatre livres que pour faire cuire un œuf à la coque.

« Tout le mérite d'une bonne friture provient de la *surprise;* c'est ainsi qu'on appelle l'invasion du liquide bouillant qui carbonise ou roussit, à l'instant même de l'immersion, la surface extérieure du corps qui lui est soumis.

« Au moyen de la *surprise* il se forme une espèce de voûte, qui contient l'objet, empêche la graisse de le pénétrer, et concentre les sucs qui subissent aussi une coction intérieure qui donne à l'aliment tout le goût dont il est susceptible.

« Pour que la *surprise* ait lieu, il faut que le liquide brûlant ait acquis assez de chaleur pour que son action soit brusque et instantanée, mais il n'arrive à ce point qu'après avoir été exposé assez longtemps à un feu vif et flamboyant.

« On connaît, par le moyen suivant, que la friture est chaude au degré désiré : vous couperez un morceau de pain en forme de mouillette, et vous le tremperez dans la poêle pendant cinq à six secondes ; si vous le retirez ferme et coloré, opérez immédiatement l'immersion, si non, il faut pousser le feu et recommencer l'essai.

« La surprise une fois opérée, modérez le feu, afin que la coction ne soit pas trop précipitée et que les sucs que vous avez renfermés subissent, au moyen d'une chaleur prolongée, le changement qui les unit et en rehausse le goût.

« Vous avez, sans doute, observé que la surface des objets bien frits ne peut plus dissoudre ni le sel, ni le sucre dont ils ont cependant besoin, suivant leur nature diverse. Ainsi vous ne manquerez pas de réduire ces deux assaisonnements en poudre très-fine, afin

qu'elles contractent une grande facilité d'adhé-
rence, et que la friture puisse s'en assaisonner
par juxtaposition.

« Les poissons les plus délicats, comme les
légumes les plus tendres, doivent être frits
avec ce qu'il y a de plus fin en huile d'olive.

« L'expérience a appris, d'ailleurs, qu'on ne
doit se servir d'huile d'olive que pour les opérations qui peuvent s'achever en peu de
temps ou qui n'exigent pas une grande chaleur, parce que l'ébullition prolongée y déve-
loppe un goût désagréable. »

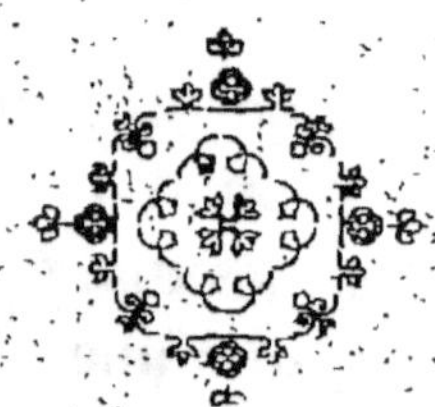

OFFICE.

Ratafia de fruits de cerises.

Prenez deux livres de cerises dont vous ôterez les queues et les noyaux, une livre de groseilles, une livre de guignes noires, une livre de framboises, une livre de mûres, que vous mettrez après, si vous ne les avez point dans le même temps; écrasez tous ces fruits ensemble pour les mettre dans une cruche avec leur jus et les noyaux de la moitié des cerises, que vous aurez pilés; laissez cuver le tout ensemble pendant trois jours, et ensuite vous passerez le jus dans un tamis pour le remettre dans la cruche avec autant d'eau-de-vie que vous avez de jus de fruit, un quarteron de sucre par pinte de ratafia, un bâton de cannelle; laissez infuser pendant deux mois, ensuite vous tirerez le ratafia au clair pour le mettre dans des bouteilles.

Vin de cerises.

Pour faire cinq pintes de vin de cerises, prenez quinze livres de cerises, avec deux livres

de groseilles que vous écrasez bien ensemble,
mettez le tout dans un baril avec un quarteron
de sucre par pinte de jus, il faut que le baril
soit plein, et vous ne le couvrez qu'avec une
feuille de vigne et du sable autour, jusqu'à ce
qu'il ne bouille plus, et cela pendant près de
trois semaines qu'il sera à bouillir, il faut avoir
soin de tenir toujours le baril plein, en y mettant à mesure du jus de cerises; ensuite quand
il ne bouillira plus, vous le boucherez avec un
bondon; et deux mois après, vous le tirerez au
clair pour le mettre dans des bouteilles.

Ratafia de cerises.

Prenez de bonnes cerises, bien mûres, ôtez-
en les queues et les noyaux, mettez-les avec
un peu de framboises, écrasez le tout ensemble, et les mettez ensuite dans une cruche bien
propre, et les laissez quatre ou cinq jours;
vous aurez soin de remuer le marc tous les
jours deux ou trois fois pour lui faire prendre du goût et une belle couleur; alors vous
presserez bien le marc pour en tirer tout le jus;
il faut ensuite mesurer le jus; et sur trois pintes
de jus, y mettre deux pintes d'eau-de-vie. Pour
les cinq pintes de ratafia, il faut concasser trois

poignées de noyaux des mêmes cerises, un quarteron de sucre par pinte.

Mettez le tout infuser dans la même cruche, avec une poignée de coriandre, un peu de cannelle ; il faut le remuer tous les jours pendant sept ou huit jours ; après quoi vous le passerez à la chausse bien clair, et vous le mettrez dans des bouteilles bien bouchées, et ensuite à la cave.

Ratafia de raisins muscats.

Prenez du raisin muscat, très-mûr, mettez-le dans une terrine pour l'écraser et en tirer le plus de jus que vous pourrez ; passez-le au tamis ; mesurez ce jus pour y mettre avec autant d'eau-de-vie ; un quarteron de sucre par pinte ; suivant la quantité que vous en avez, vous y mettrez, à proportion, un peu de macis, de la cannelle et clous de girofle ; mettez le tout ensemble dans une cruche bien bouchée, pour le faire infuser pendant cinq ou six jours, en le remuant tous les jours ; ensuite vous le passerez à la chausse : lorsqu'il sera clair, vous le mettrez dans des bouteilles bien bouchées.

Ratafia d'abricots.

Coupez par petits morceaux un quarteron d'abricots, cassez les noyaux pour en tirer les amandes, que vous pelez et concassez, mettez-les dans une cruche, avec les abricots, et deux pintes d'eau-de-vie, une demi-livre de sucre, un peu de cannelle, huit clous de girofle, très-peu de macis; bouchez bien la cruche; laissez infuser quinze jours ou trois semaines; ayez soin de remuer souvent la cruche; après, vous le passerez à la chausse pour le mettre dans des bouteilles que vous porterez à la cave.

Ratafia de noyaux de graines.

Pour faire le ratafia de noyaux, il faut prendre une livre d'amandes d'abricots, en choisir les plus beaux et les meilleurs; l'on peut se servir des autres, faute des premiers.

Vous les mettez infuser dans deux pintes d'eau-de-vie, une pinte d'eau, une livre de sucre, une poignée de coriandre, un peu de cannelle pendant huit jours, vous passerez ensuite à la chausse et qu'il soit bien clair, et le mettrez après dans des bouteilles; tous

les ratafias de graines et autres noyaux se font
de la même façon.

Ratafia de fleurs d'oranger.

Prenez une livre de fleurs d'oranger épluchées, avec deux pintes d'eau-de-vie, une pinte
d'eau, une livre de sucre, mettez-les infuser
vingt-quatre heures, et ensuite passez-les à la
chausse comme les autres.

Autre ratafia de fleurs d'oranger.

Mettez dans une cruche bien bouchée, trois
quarterons de fleurs d'orangers, une livre et
demie de sucre; mettez cette cruche dans un
chaudron plein d'eau que vous faites bouillir
sur le feu pendant dix heures; ensuite vous l'ô-
tez du feu et le laissez refroidir dans la cruche
avant que de le passer au clair.

Ratafia de coings.

Prenez de bons coings que vous pilerez après
en avoir ôté les pepins et la pelure; pressez-
les bien dans un torchon neuf, mesurez le jus
que vous tirerez, mettez deux pintes d'eau-
de-vie sur trois pintes de jus, et un quarteron
de sucre par pinte, de la cannelle, de la

coriandre, gingembre et macis, le tout modérément; vous ferez infuser le tout ensemble
pendant dix ou douze jours, bouchez bien la
cruche où vous avez mis votre ratafia pour
qu'il ne prenne point l'évent, il faut ensuite
le passer à la chausse bien clair, et le mettez
dans des bouteilles bien propres.

Quand il sera bien bouché, vous le mettrez
à la cave : plus il sera vieux , meilleur il
sera.

Ratafia de genièvre.

Pour faire trois pintes de ratafia de genièvre,
mettez dans une cruche deux pintes d'eau-de-
vie avec une bonne poignée de genièvre, une
livre et demie de sucre que vous faites bouillir auparavant avec une chopine d'eau jusqu'à ce qu'il soit bien écumé et clair ; bouchez
bien la cruche et la tenez dans un endroit
chaud environ cinq semaines avant que de le
passer à la chausse où dans une serviette ;
quand il est bien clair, vous le mettez dans des
bouteilles que vous avez soin de bien boucher.
Ce ratafia est stomacal et bon quand il est gardé
longtemps.

Ratafia de noix.

Lorsque les noix sont formées, vous en prenez une douzaine, entières, fendez-les par la
moitié, et les mettrez dans une cruche avec
trois chopines d'eau-de-vie; bouchez bien la
cruche et la tenez dans un endroit frais pendant six semaines; il faut avoir l'attention de
remuer de temps en temps la cruche, ensuite
vous mettez une livre de sucre dans une poêle
avec un demi-setier d'eau : faites bouillir et
écumer; après que vous aurez passé l'eau-de-
vie dans une serviette, vous y mettrez le sucre
avec un petit morceau de cannelle et une pincée de coriandre; laissez encore infuser environ
un mois, et vous le tirerez au clair pour le
mettre dans des bouteilles.

Toutes sortes de sirops pour l'hiver,

comme fraises, groseilles, framboises
et mûres.

Prenez deux livres de sucre pour une livre
de fruit; vous ferez d'abord cuire votre sucre
au café, comme il est expliqué pour la gelée
de groseilles, et ensuite vous y mettrez une
livre de fruit, et dès qu'il aura fait un bouillon

court, vous le retirerez du feu et le mettrez égoutter sur un tamis ; quand il sera froid, mettez-le dans des bouteilles, bouchez-les seulement avec du papier, vous ferez de l'eau pour boire ou pour glacer.

Sirop violat.

Sur un quarteron de violettes épluchées que vous mettrez dans une terrine, versez dessus un demi-setier d'eau bouillante, mettez quelque chose de propre sur les violettes pour les tenir enfoncées dans l'eau ; couvrez-les et les mettez sur de la cendre chaude pendant deux heures ; ensuite vous passez les violettes au travers d'un linge que vous pressez fort pour faire sortir l'eau ; cette quantité de violettes doit vous rendre près d'une pinte : si vous en avez une pinte, vous mettrez deux livres et demie de sucre dans une poêle avec un demi-setier d'eau, faites-le bouillir et écumer, continuez de le faire bouillir jusqu'à ce que, trempant les doigts dans l'eau, et les mettant dans le sucre, vous les retrempez dans l'eau, que le sucre qui tient à vos doigts se casse net, alors vous y versez votre eau de violettes. Ayez grand soin que votre sirop ne bouille pas ; quand ils seront bien incorporés ensemble, mettez le sirop dans une terrine et la mettez

sur une cendre chaude pendant trois jours,
que vous entretiendrez d'une chaleur la plus
égale que vous pourrez, sans être trop chaud;
vous connaîtrez que le sirop sera fait en mettant
deux doigts dedans, et en les retirant de l'un contre l'autre; s'il se forme un fil qui ne se rompt
pas, vous le mettrez dans les bouteilles.

Sirop de cerises.

Prenez deux livres de belles cerises bien saines, ôtez les queues et les noyaux, et les
mettez sur le feu avec un grand verre d'eau;
faites-les bouillir huit ou dix bouillons, et les
passez au tamis; mettez deux livres de sucre
sur le feu avec un verre d'eau, faites-le bouillir
et bien écumer, continuez de le faire bouillir
jusqu'à ce que, trempant l'écumoire dedans et
la secouant sur le sucre, et soufflant après au
travers des trous, il en sorte des étincelles de
sucre : vous y mettrez tout de suite le jus de
cerises; faites-les bouillir ensemble, jusqu'à ce
qu'elles aient pris la consistance d'un sirop fort.

Sirop d'abricots.

Suivant le temps que vous voulez garder les
sirops, il faut mettre plus ou moins de sucre.

Pour un sirop d'abricots que vous voulez garder d'une saison à l'autre, il faut deux livres
de sucre pour une livre de fruit : pour cet
effet, prenez une livre d'abricots bien mûrs,
ôtez-en les noyaux. Après avoir pelé l'amande,
vous la coupez par morceaux ; coupez aussi les
abricots en petits morceaux ; mettez deux livres
de sucre dans une poële avec un verre d'eau,
et le faites cuire comme le précédent sirop de
cerises, mettez-y les abricots avec les noyaux,
faites-les cuire ensemble à moyen feu, jusqu'à
ce que, prenant du sirop avec un doigt, que
vous touchez contre un autre, il se forme un fil
en les ouvrant, qui se soutient un peu sans se
rompre ; alors vous les passez dans un tamis.
Vous pouvez encore faire votre sirop de cette
façon : après avoir coupé les abricots et les
noyaux comme il a été dit, mettez-les sur le
feu avec un verre d'eau ; faites-les bouillir jusqu'à ce qu'ils soient en marmelade ; passez-les
dans un tamis pour en passer tout le jus en
l'exprimant fort ; laissez-les reposer et les passez dans une serviette. Vous mettrez ensuite ce
jus dans le sucre pour le faire bouillir jusqu'à la
consistance d'un sirop fort, en faisant le même
essai qu'à la façon précédente.

Sirop de mûres.

Prenez deux cents belles mûres bien noires, mettez-les sur le feu avec un grand verre d'eau, faites-leur faire cinq ou six bouillons jusqu'à ce qu'elles aient rendu tout le jus, et le passez dans un tamis; laissez-le reposer, et le repassez une seconde fois dans un tamis plus serré. Prenez deux livres de sucre, que vous mettez sur le feu avec un demi-setier d'eau; faites-le bouillir et écumer; continuez de le faire bouillir jusqu'à ce que, trempant deux doigts dans de l'eau, et les mettant dans le sucre, vous les retrempez dans l'eau fraîche, que le sucre qui vous reste dans les doigts se casse net, mettez-y votre eau de mûres, faites chauffer jusqu'à ce qu'elle soit incorporée avec le sucre; ayez attention qu'elle ne bouille point; vous le mettrez après dans une terrine bien couverte, pour le mettre sur la cendre chaude pendant trois jours, et l'entretiendrez d'une chaleur égale le plus que vous pourrez, sans être brûlante; vous connaîtrez qu'il est à son point lorsqu'en prenant du sirop avec un doigt et l'appuyant contre l'autre, et les ouvrant tous les deux, il se forme un fil qui ne se rompt pas aisément, vous les mettrez dans des

bouteilles, et ne le boucherez que quand il
sera tout-à-fait froid.

Sirop de coings.

Prenez une douzaine de coings très-mûrs,
ôtez-en les cœurs et les peaux, pilez la chair et
la mettez dans un gros torchon pour la tordre à
force de bras, par ce moyen vous en tirerez
tout le jus ; laissez reposer ce jus et le tirez au
clair. Sur un demi-setier, vous prendrez une
livre de cassonade, que vous ferez cuire de la
même façon que celle du sirop de verjus ; quand
votre cassonade aura son degré de cuisson,
vous y mettrez le jus de coings, que vous ferez
bouillir ensemble jusqu'à ce que le sirop ait la
même consistance que le précédent.

Sirop de guimauve.

Faites cuire une livre de cassonade de la
même façon que celle pour sirop de verjus,
ensuite vous y mettez une eau de guimauve
faite de cette façon : faites cuire dans une chopine d'eau trois quarterons de racine de guimauve hachée ; après l'avoir ratissée et lavée,
laissez-la bouillir jusqu'à ce que l'eau se colle
après les doigts, ensuite vous la mettrez dans

un torchon pour la tordre à force de bras, laissez-la reposer et la tirez au clair. Prenez-en le plus clair pour le mettre dans la cassonade, et les faites bouillir ensemble jusqu'à ce qu'ils aient la consistance d'un sirop fort comme les précédents.

Sirop de pommes.

Prenez un quarteron de pommes de reinette bien saines, coupez-les en tranches les plus minces que vous pouvez, et les faites cuire avec un demi-setier d'eau ; quand elles sont en marmelade, vous les mettez dans un torchon pour les tordre fort et en exprimer tout le jus, laissez reposer ce jus et le tirez au clair ; sur un demi-setier, vous ferez cuire une livre de sucre de la même façon que celui pour le sirop de cerises ; quand il sera à son point de cuisson, mettez-y votre jus de pommes et les faites bouillir ensemble jusqu'à ce que, prenant du sirop avec un doigt et l'appuyant contre l'autre, et les ouvrant tous les deux, il se forme un fil qui ne se rompe pas aisément.

Sirop de citrons.

Le sirop de citrons ne se fait ordinairement que lorsqu'on veut s'en servir ; pour cet effet,

vous mettez une demi-livre de sucre dans une
poële avec un petit verre d'eau. Faites-le bouillir et écumer, continuez de le faire bouillir
jusqu'à ce que, prenant du sucre avec un
doigt et l'appuyant contre l'autre, et les ouvrant tous les deux, il se forme un fil qui se
rompe, et forme une goutte sur le doigt; alors
vous y mettez le jus d'un petit citron, faites
faire encore quelques bouillons, et vous en
servez.

Sirop de capillaire.

Prenez une once de feuilles de capillaire,
mettez-les dans une chopine d'eau bouillante,
et les retirez dans le moment pour les mettre
infuser au moins douze heures sur la cendre
chaude, et les passez dans un tamis; ensuite
vous les mettrez dans une poële avec un bon
verre d'eau; faites-le bouillir et écumer, continuez de le faire bouillir jusqu'à ce que, trempant deux doigts dans de l'eau fraîche et ensuite dans le sucre, et les retrempant promptement à l'eau fraîche, le sucre qui reste à vos
doigts se casse net; mettez-y votre eau de capillaire sans faire bouillir; vous les ôterez aussitôt qu'ils seront mêlés ensemble pour les
mettre dans une terrine, que vous couvrez et

mettez sur de la cendre chaude, que vous entretiendrez d'une chaleur égale, sans être brûlante, pendant trois jours. Vous connaîtrez que le sirop sera fait lorsqu'en prenant de ce sirop avec un doigt, et l'appuyant contre l'autre, les ouvrant tous les deux, il se forme un fil qui ne se rompt pas aisément. Vous le mettrez dans les bouteilles, et ne les boucherez que lorsqu'elles seront tout-a-fait froides.

Sirop d'écorces d'oranges et de fleurs d'oranger.

Prenez cinq onces d'écorces d'oranges mûres et sans paranchyme, faites-y quelques incisions; mettez dans un vase clos et versez dessus un litre et demi d'eau bouillante. Laissez macérer pendant six heures, en ayant soin de tenir toujours le vase bien fermé. Passez ensuite avec expression, filtrez et achevez de faire le sirop comme à l'ordinaire.

On prépare exactement de la même manière les sirops d'écorces de citrons, de bigarades, d'oranges amères, etc. On peut ajouter à ce dernier le suc, ce qui le rend rafraîchissant. Ces sirops sont de bons stomachiques, vermifuges et cordiaux agréables. Celui d'écorces d'oranges surtout est un sédatif puissant du système nerveux.

Pour le sirop de fleurs d'oranger, il suffit de mêler ensemble, dans un vase, deux litres d'eau essentielle de fleurs d'oranger et deux kilos de sucre blanc concassé. Faire dissoudre au bain-marie et filtrer.

Compôte de prunes

à la bonne femme.

Faites bouillir un quart-d'heure un quarteron de sucre avec un verre d'eau, ayez soin de l'écumer; quand il sera en sirop, mettez-y une livre de prunes presque mûres : faites faire quelques bouillons jusqu'à ce que les prunes soient cuites ; ôtez l'écume et les dressez dans le compotier; si le sirop est trop long, faites-le réduire avant que de le verser sur les prunes.

Compôte de toutes sortes de fruits grillés.

Il faut laisser réduire votre sirop jusqu'à ce que votre fruit commence à s'attacher à la poële, alors il ne faut pas les quitter, il faut les promener dedans votre compôte jusqu'à ce que vous voyez qu'elle ait belle couleur, ensuite vous mettez une assiette sur votre compôte que vous tenez de votre main gauche, et la renversez en dessus en la glissant proprement dans votre compotier. Vous les servez chaudes ou froides; elles sont meilleures chaudes.

Vous pouvez faire des compôtes avec celles qui ont déjà servi pour faire un changement.

Compôte de citrons, oranges, bergamottes, limes, chinois.

Il faut les couper par petits morceaux, et les faire bien cuire dans l'eau jusqu'à ce qu'ils soient bien mollets sous les doigts; vous les retirez avec une écumoire, et les mettez dans l'eau fraîche; vous faites ensuite un petit sirop avec un verre d'eau, un quarteron de sucre. Vous mettrez vos écorces dedans pour les faire migeoter tout doucement sur un petit feu pendant une demi-heure, et servez froid.

Compôte de coings.

Prenez trois gros coings; s'ils sont petits; vous les mettrez après dans de l'eau froide; coupez-les en quatre; lorsque vous aurez ôté

les cœurs et les aurez pelés proprement, vous
mettrez un quarteron de sucre dans une poêle
avec un demi-verre d'eau ; faites bouillir et
écumer ; mettez-y les coings pour achever de
les faire cuire. Servez chaudement à court
sirop.

Compôte de raisins.

Mettez dans une poêle un quarteron de sucre
avec un demi-verre d'eau ; faites bouillir,
écumer et réduire en sirop fort ; mettez dans
ce sirop une livre de raisin muscat égrainé,
et dont vous aurez fait sortir les pepins, faites-
lui faire deux ou trois bouillons, et les dresser
dans le compotier ; s'il y a de l'écume, enlevez-
la avec du papier blanc.

Compôte d'oranges crues.

Coupez le dessus à six oranges de Portugal,
de façon que vous puissiez le remettre comme
si elles étaient entières ; enfoncez un petit couteau en plusieurs endroits de la chair, faites-y
entrer du sucre fin ; remettez les couvercles et
les servez ; vous les coupez par tranches et les
arrangez dans un compotier avec du sucre fin
dessus et dessous.

Compôte de marrons.

Faites cuire des marrons dans la cendre de même façon que si vous vouliez les servir dans une serviette. Quand ils seront pelés, mettez-les dans une poêle avec un quarteron de sucre et un demi-verre d'eau ; faites-les frémir sur un petit feu environ un demi-quart-d'heure. Avant que de les servir, vous y presserez un petit jus de citron , et en servant, vous y ajouterez dessus légèrement du sucre fin.

Marmelade d'amandes vertes et d'abricots verts.

Prenez des amandes ou des abricots verts, elle se fait de la même façon ; il faut ôter le duvet en frottant légèrement avec une serviette. Faites-les cuire dans de l'eau jusqu'à ce qu'ils soient bien tendres, retirez-les dans de l'eau fraîche et les mettez égoutter, ensuite vous les écrasez pour les passer dans un tamis. Mettez cette marmelade sur le feu pour la faire dessécher, en la tournant toujours jusqu'à ce qu'elle soit prête à s'attacher à la poêle ; après, vous pesez cette marmelade pour mettre autant pesant de sucre sur le feu avec un demi-

setier d'eau, faites bouillir et écumer, continuez
de faire bouillir jusqu'à ce que, trempant deux
doigts dans de l'eau fraîche, vous les mettez dans
le sucre, et les retrempez dans l'eau, que le sucre qui vous reste dans les doigts se casse net ;
mettez-y tout de suite la marmelade, pour la
délayer avec le sucre sans qu'elle bouille sur un
feu doux, et la mettrez après dans les pots.

Marmelade de fraises.

Epluchez et lavez une demi-livre de fraises,
faites-les égoutter et les passez dans un tamis
pour les mettre en marmelade. Mettez sur le
feu une livre de sucre avec un verre d'eau ;
faites-le bouillir et bien écumer, continuez de
le faire bouillir jusqu'à ce que, trempant l'é-
cumoire dedans et la secouant, il en sorte de
longues étincelles ; mettez-y votre marmelade
de fraises pour la délayer avec le sucre, en la
remuant toujours sur un moyen feu, sans
qu'elle bouille, et la mettez dans les pots.
Vous vous réglerez sur cette dose pour la quantité que vous voulez faire.

Marmelade de framboises.

Faites cuire une livre de sucre de la même
façon que pour les fraises ; quand il est à son

point de cuisson, vous y mettez les framboises préparées de cette façon : épluchez deux livres de framboises et les passez dans un tamis pour les mettre en marmelade; mettez cette marmelade sur le feu pour la faire dessécher jusqu'à ce qu'elle soit prête de s'attacher à la poêle, ensuite vous la mettez dans le sucre et lui faites faire quelques bouillons en la remuant toujours, et la mettrez après dans vos pots.

Marmelade de cerises.

Faites cuire deux livres de sucre de la même façon que pour la marmelade de fraises; ensuite vous y mettrez quatre livres de cerises, après leur avoir ôté les noyaux et les queues, remuez-les avec le sucre et les faites bouillir ensemble jusqu'à ce que le sirop se colle dans les doigts, ôtez-la du feu pour la mettre dans les pots.

Marmelade d'abricots sans façons.

Coupez, le plus mince que vous pourrez, six livres d'abricots pas trop mûrs, et les mettez à mesure dans un chaudron bien propre; cassez les noyaux, ôtez-en la peau et les coupez très-fins pour les mettre aussi avec les abricots; pilez quatre livres et demie de sucre pour le mettre avec les abricots ; mettez votre chaudron sur un feu clair ; et remuez toujours avec une écumoire, de crainte que la marmelade ne s'attache au fond ; lorsque les abricots sont avancés de cuire, vous descendez de temps en temps le chaudron pour écraser les morceaux d'abricots qui ne se mettent point en marmelade ; faites la cuire jusqu'à ce qu'elle se colle dans vos doigts sans trop de résistance, en prenant de cette marmelade dans les doigts et les appuyant l'un contre l'autre ; vous la mettrez ensuite dans les pots. Cette façon, quoique simple, est très-bonne.

Marmelade de prunes.

Otez lez noyaux des prunes que vous voulez employer, prenez-en la quantité que vous jugerez à propos, faites-les bouillir sur le feu avec un peu d'eau jusqu'à ce qu'elles se mettent en marmelade, passez-les dans un tamis, et remettez sur le feu ce que vous aurez passé, et le faites bouillir jusqu'à ce que cette marmelade soit prête de s'attacher à la poêle ; ensuite vous la pesez et mettez autant de sucre pesant que vous avez de marmelade ; mettez le sucre sur le feu avec un bon demi-setier d'eau, faites le bouillir et bien écumer. Vous connaîtrez quand il sera cuit, en trempant deux doigts dans de l'eau fraîche, ensuite dans le sucre, et après dans la même eau: si le sucre qui reste à vos doigts casse net, alors vous y mettez votre marmelade pour la délayer avec le sucre en les remuant ensemble sur le feu seulement jusqu'à ce qu'elle frémisse, mettez-la dans les pots quand elle est froide; jetez un peu de sucre fin dessus.

Marmelade de poires.

Faites cuire dans de l'eau, jusqu'à ce qu'elles soient tendres dessous les doigts, la quantité de poires de rousselet que vous jugerez à propos; ôtez-en la peau et n'en prenez que la chair que vous passez dans un tamis, mettez-la sur le feu et remuez toujours jusqu'à ce qu'elle soit prête de s'attacher à la poële; ensuite vous la pesez et mettez autant de sucre dans une poële avec un demi-setier d'eau; faites bouillir et écumer, continuez de faire bouillir jusqu'à ce que, trempant l'écumoire dedans et la secouant, il s'enlève de longues étincelles qui se tiennent ensemble; mettez-y la marmelade pour la délayer avec le sucre sur le feu; quand elle commencera à frémir, vous la mettrez dans les pots; et quand elle sera froide, vous mettrez par-dessus un peu de sucre fin.

Marmelade de pêches.

Pelez des pêches qui ne soient pas trop mûres; après avoir ôté les noyaux, vous les coupez en petits morceaux; ensuite vous ferez cette marmelade de la même façon que vous trouverez ci-devant.

Marmelade de coings.

Prenez la quantité de coings que vous jugerez à propos; faites-les cuire dans l'eau jusqu'à ce qu'ils soient tendres: mettez-les à l'eau froide jusqu'à ce qu'ils soient tout-à-fait froids; alors vous les coupez en quatre pour en ôter lescœurs et les peaux; écrasez-les et les passez dans un tamis; mettez ce que vous avez passé sur le feu, et le tournez toujours jusqu'à ce que la marmelade soit épaisse; pesez-la et mettez autant pesant de sucre que vous avez de marmelade, faites-le cuire de la même façon que pour la marmelade de poires, que vous trouverez ci-devant; ensuite vous mettrez la marmelade avec le sucre pour les délayer ensemble sur le feu, et la retirerez quand elle commencera à frémir pour la mettre dans les pots.

Marmelade de pommes.

Faites bouillir des pommes de reinette entières dans de l'eau jusqu'à ce qu'elles commencent à fléchir sous les doigts, retirez-les à l'eau fraîche pour leur ôter la peau, prenez-en la chair que vous passez au travers du tamis, en la pressant fort; mettez ce que vous avez passé dans un poêle pour la faire dessécher sur le feu, jusqu'à ce qu'elle soit bien épaisse; faites cuire à la grande plume autant pesant de sucre que de marmelade; mêlez-les ensemble en les remuant avec une spatule ou une cuiller de bois, remettez sur le feu seulement pour faire chauffer en remuant toujours; lorsqu'elle commencera à bouillir, vous l'ôtez, et la mettez dans les pots quand elle est peu refroidie; ne les couvrez que lorsqu'ils sont tout-à-fait froids.

Confiture de marmelade d'abricots.

Pelez les abricots, si vous le jugez à propos, ôtez les noyaux; par livre de fruit, trois quarterons de sucre que vous clarifierez comme il

est expliqué ci-devant, ensuite faites-les cuire
au gros boulet, que vous connaîtrez en mettant
votre écumoire dans le sucre, et en la retirant,
soufflez dessus, vous verrez voler votre sucre :
cela marque qu'il est à son point de cuisson ;
alors vous y mettrez vos abricots, et vous les
ferez bouillir en remuant toujours avec une
spatule de bois jusqu'à ce que la marmelade
soit collante dans vos doigts ; c'est une marque
que vous pouvez la mettre tout de suite dans
les pots.

Confiture de cerises.

Prenez des cerises, la quantité que vous en
voulez faire, ôtez-en les queues et les noyaux,
réglez-vous pour les faire de la façon des abricots, tant pour la cuisson que pour la dose du
sucre.

Confiture de gelée de groseilles.

Vous clarifierez votre sucre comme il est
expliqué ci-devant, et mettrez livre de sucre
pour livre de fruits ; vous ferez cuire votre sucre
au café, ce que vous connaîtrez en mettant
votre doigt mouillé dans un gobelet plein d'eau
que vous aurez soin de tenir de la main gauche ;

vous tremperez les doigts dans votre sucre, et
vous les remettrez sur-le-champ dans le gobelet;
et si votre sucre sèche dans l'eau et qu'il casse
dans vos doigts en le pressant, c'est une marque qu'il est temps de mettre le fruit dans votre
poële; faites-lui faire deux bouillons couverts;
retirez ensuite votre confiture de dessus le feu,
passez-la dans un tamis et la mettez tout de
suite dans les pots.

Quand elle sera froide, vous couvrirez vos
pots, vous tremperez votre premier papier
dans de l'eau-de-vie pour que la confiture se
conserve mieux, c'est ce que vous observerez à
toutes sortes de confitures, et ne jamais couvrir les pots que quand les confitures sont
froides.

Confiture de gelée de pommes.

Elle se fait de même que celle de groseilles,
à cette différence près qu'il faut tirer le jus de
la pomme en la faisant bouillir dans un peu
d'eau, et vous la passerez après dans un linge
blanc; pressez-la un peu; vous vous servirez de
ce jus pour mettre dans votre sucre; la cuisson
est la même que celle des groseilles; vous connaîtrez quand elle sera cuite en mettant votre

écumoire dans votre poêle, que vous retirerez,
et si en la lavant et la tenant un peu penchée,
votre gelée tombe en perle, cela marque qu'elle
est assez cuite, vous la mettrez tout de suite
dans les pots.

Confiture de gelée de groseilles a la bourgeoise.

Il faut faire clarifier votre sucre comme il
est expliqué ci-devant, vous prendrez les groseilles que vous mettrez dans la poële, et les
ferez fondre sur le feu en leur faisant faire un
bouillon ou deux, vous les mettrez ensuite
égoutter sur un tamis, vous mesurerez votre jus
de groseilles, et vous mettez autant de pintes
de sucre clarifié dans un autre poêle bien propre que vous ferez cuire au café ; vous connaîtrez sa cuisson par le moyen d'un gobelet plein
d'eau que vous tiendrez de votre main gauche ;
vous mouillerez les doigts supérieurs de votre
droite que vous tremperez vite dans votre sucre,
et ensuite dans le gobelet ; et si le sucre qui
tenait à vos doigts sèche et est cassant, vous y
mettrez votre jus de groseilles, et ferez faire
deux bouillons couverts, et l'écumerez bien,
et mettrez ensuite votre gelée dans vos pots.

Confiture d'abricots entiers ou par moitié.

Les confitures d'abricots entiers ou par moitié se font de la même façon que les confitures de prunes.

Confiture de poires de rousselet.

Les confitures de poires de rousselet se font de là même façon que les confitures de prunes.

Abricots à l'eau-de-vie.

Vous commencerez par confire vos abricots de la même façon qu'il est expliqué pour les confitures de prunes; vous les mettrez ensuite sur le feu avec le sirop, quand ils bouilliront, vous y jetterez une pinte d'eau-de-vie pour en faire un bouillon, et vous les retirerez et les mettrez dans des pots.

Il faut observer qu'il n'en faut qu'une pinte par cent; et quand vous mettrez votre eau-de-vie dans vos abricots, il faut tirer votre poële de dessus le feu, parce que le feu y prendrait; alors il faudrait avoir un torchon blanc, le mouiller et en couvrir votre poële, et le feu s'éteindra; mais il faut tâcher que cela n'arrive pas.

Eaux de cerises, de groseilles, de fraises, de framboises, de mûres.

pour boire en été.

Prenez tel fruit que vous jugerez à propos pour faire votre eau rafraîchissante; pour une livre de fruit vous mettrez une pinte d'eau, vous écraserez votre fruit et le délayerez avec l'eau; passez-le dans un linge blanc, et y mettrez ensuite un peu de sucre, vous le passerez après à la chausse; pour que votre eau soit bien claire, vous la tiendrez au frais jusqu'au moment que vous la servirez.

Si vous voulez en faire des glaces, vous y mettrez un peu plus de sucre, et mettrez votre eau dans des moules de fer-blanc, et la ferez prendre avec de la glace et du sel, ou du salpêtre.

Quand elles commenceront à se glacer, vous aurez soin de les remuer de temps en temps avec une cuiller, jusqu'à ce qu'elles soient prises, parce que les bords seraient trop glacés et le milieu ne le serait pas; quand elles sont prises comme il faut, vous les dressez dans de petits gobelets; il faut les boire dans le moment.

Prunes à l'eau-de-vie.

Choisissez des prunes de reine-claude bien saines et cueillies un peu avant leur maturité. Piquez-les quelquefois légèrement près de la queue, mettez-les dans un vase, et versez dessus de l'eau froide avec laquelle vous les mettrez sur le feu. Quand une prune s'élevant du fond montera au-dessus du liquide, vous retirerez le vase et laisserez refroidir encore. Mettez-les alors dans un bocal, où vous verserez un sirop de sucre léger, dans lequel elles tremperont jusqu'à ce qu'elles en soient bien pénétrées. Faites-les égoutter, placez-les dans un autre bocal, versez-y le sirop que vous aurez fait concentrer et achevez de le remplir avec de l'eau-de-vie en quantité proportionnée à celle du sucre, qui doit être de quatre ou cinq livres pour cent prunes d'une grosseur ordinaire.

Les distillateurs de profession donnent pour la préparation particulière de chaque espèce de fruits à l'eau-de-vie des détails fort compliqués, et qui, cependant, se ressemblent à peu près tous. Il serait fastidieux de rapporter ici ces continuelles répétitions auxquelles la perspicacité de nos lecteurs suppléera facilement. Ils concevront sans peine, par exemple, que si le fruit est gros, dur et charnu, au lieu de se borner à le piquer légèrement, ils doivent y faire deux ou trois incisions plus ou moins profondes, afin que le sirop et l'alcool puissent le pénétrer. Il est évident aussi que la quautité du sucre, la force du sirop, doivent varier en raison de la qualité plus ou moins sucrée du fruit. N'oublions pas d'ajouter, toutefois, que tous les fruits destinés à être conservés à l'eau-de-vie, doivent être cueillis un peu avant leur maturité sans être verts, et autant que possible par un temps sec.

Orgeat.

Prenez quatre hectogrammes d'amandes douces fraîches et mondées, deux hectogrammes d'amandes amères également fraîches et mondées, pilez le tout de manière à former une pâte fine en y versant un peu d'eau. Quand la pâte sera bien mêlée et bien compacte, versez-y à plusieurs reprises, en remuant, un litre d'eau de rivière. Exprimez ensuite fortement dans un linge, et ajoutez à l'émulsion un kilo de sucre cassé par morceaux.

Faites fondre à une douce chaleur, passez et ajoutez un léger filet d'eau de fleurs d'oranger. Remuez le tout avec une cuiller d'argent et mettez dans de petites bouteilles.

On peut faire le même sirop avec des pistaches, mêlées toujours avec des amandes amères dans la même proportion que les amandes douces. La manière de procéder est la même.

Vestpetro.

Prenez demi-once de semence d'angélique, demi-once de coriandre, deux gros d'anis, et faites infuser le tout dans quatre livres d'alcool à vingt-deux degrés. Cette infusion doit se prolonger de quatre à huit jours, selon la température et les endroits plus ou moins secs où vous exposerez la flacon. Le soleil est toujours ce qu'il y a de plus favorable, et dans ce cas, quatre jours suffisent.

Quand vous croirez que l'infusion est parvenue à un terme convenable, faites fondre dans une demi-livre de sucre, ajoutez ce mélange à l'infusion et filtrez le tout dans un papier gris.

Cette base vous servira de règle pour augmenter ou diminuer les doses, selon la quantité de liqueur que vous voudrez obtenir.

Eau de noix.

Prenez cent noix vertes avec le brou,

concassez-les et faites-les macérer pendant vingt jours au moins dans vingt livres d'alcool à vingt-deux degrés. Après ce temps, réunissez dix livres de sucre, demi-once de teinture aromatique de girofle, deux onces de cannelle, une once de macis et deux livres d'eau. Faites réduire le sucre ou sirop avant de le verser, pour qu'il s'amalgame plus facilement, et ajoutez ce mélange à l'alcool, où les noix sont à infuser. Laissez infuser de nouveau le tout pendant quatre jours. Filtrez avec un papier brouillard et un entonnoir en verre, et transvasez dans des bouteilles bien bouchées.

Pour l'eau de noix, comme pour toutes les liqueurs alcooliques, le temps plus ou moins long de l'infusion est subordonné à la température plus ou moins élevée et au lieu plus ou moins chaud où l'exposition a lieu.

Eau de coings.

Pelez les coings bien mûrs, coupez-les en quatre, enlevez les pepins et pressez la pulpe avec force dans un morceau de flanelle pour en extraire le jus. Mêlez ce jus avec de l'alcool à 36 degrés, dans la proportion de onze livres d'alcool pour vingt livres de suc-

Laissez infuser cette mixtion pendant une
vingtaine de jours, ajoutez pour les quantités
ci-dessus quinze livres de sucre, faites infuser
pendant trois ou quatre jours encore et filtrez.

Eau de sauge.

Faites infuser pendant huit à dix jours des
feuilles de sauge dans de l'alcool à 22 degrés,
dans la proportion d'une livre de feuilles pour
dix livres d'alcool. Ajoutez cinq livres de sucre,
laissez infuser encore deux ou trois jours et
filtrez au papier brouillard.

Vinaigre.

Les vinaigres dont on se sert le plus habituellement pour l'usage de la table, sont ceux
à l'estragon ou avec quelques plantes aromatiques. Il est aisé de le composer soi-même.
Voici comment on doit s'y prendre :

Prenez pour chaque livre de vinaigre bon
et concentré, une once de feuilles d'estragon
fraîches et nettoyées. Faites macérer pendant
huit à dix jours, filtrez et mettez en flacons.

Pour le vinaigre aromatique, sur cinq livres
de vinaigre, prenez deux onces de feuilles
d'estragon, une once de basilic, une de sar-
riette, un quart d'once de menthe, demi-once

fleurs de sureau, une once piment rouge, et quelques petits oignons coupés.

Faites macérer pendant un mois, passez ce mélange en le pressant, et filtrez.

Moutarde.

Mêlez dans la proportion suivante les divers principes qui doivent entrer dans sa composition : une once de farine de moutarde fine et de bonne qualité, vingt-quatre grains de noix muscade râpée et autant de girofle, six ou sept grains d'ail écrasé ou pilé, du sel et du vinaigre blanc en quantité suffisante pour former de cet assemblage une pâte très épaisse, que vous devez laisser reposer et fermenter pendant vingt-quatre heures. Alors vous y ajouterez du vinaigre pour la délayer et l'amener à la consistance nécessaire. Si cependant il fallait vous en servir immédiatement, vous auriez un moyen simple et facile de lui faire perdre l'amertume que la fermentation est destinée à lui enlever. Vous feriez rougir au feu une petite verge en fer, et vous vous en serviriez pour tourner votre moutarde pendant quelques minutes. L'amertume s'évaporerait avec la fumée.

Petit lait.

Cette boisson rafraîchissante, que les médecins prescrivent fréquemment pendant le printemps, peut se faire chez soi aisément et sans beaucoup de frais, tandis qu'elle revient quelquefois fort cher, sortant de l'officine des pharmaciens. Voici la manière de s'y prendre :

Mettez votre lait dans une casserolle bien étamée ; au moment où il entre en ébullition, c'est-à-dire où la pellicule qui le recouvre se boursouffle, versez-y un peu de vinaigre, dans la proportion d'une cuillerée par pinte de lait. Vous passerez à un tamis ce lait, qui se sera caillé immédiatement par l'introduction du vinaigre ; vous mettrez dans la casserolle, que vous aurez bien lavée, deux blancs d'œufs et un demi-verre d'eau, vous battrez bien le tout, puis vous y verserez le liquide passé à travers le tamis et vous laisserez bouillir un instant ; en retirant du feu vous jeterez un filet d'eau froide, et vous filtrerez avec un papier et un entonnoir en verre.

Vous pouvez sucrer et aromatiser avec quelques gouttes d'eau de fleurs d'oranger.

Manière de conserver les haricots verts.

Cueillez-les bien tendres et dont le grain ne soit pas encore formé, épluchez-les avec soin et enfilez-les l'un après l'autre avec une aiguille et du fil écru, de manière à former des chapelets qui ne doivent contenir que la quantité de haricots à manger en un repas, cela fait, trempez ces chapelets dans un vase d'eau bouillante que vous aurez sur le feu, retirez-les presque instantanément, et plongez-les dans l'eau froide. Suspendez-les dans un lieu exposé aux courants d'air, mais à l'ombre, car le soleil les jaunirait. Quand ils seront bien secs, enfermez-les dans l'endroit le moins humide de la dépense.

Avant de vous en servir, trempez un de ces chapelets dans l'eau fraîche. Les haricots reviendront aussi frais et aussi verts qu'au moment où vous les aurez cueillis.

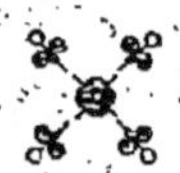

DU CHOIX
ET DE LA CONSERVATION DES VINS DE TABLE.

De la Cave.

La cave doit être située au nord, pas trop
élevée ; on doit avoir soin d'y conserver autant que possible la même température, en en
fermant les ouvertures dans les fortes chaleurs
et les gelées. Il ne faut y renfermer ni bois
peint, ni légumes, ni autres substances étran-
gères qui puissent donner de l'odeur ; la cave
étant spécialement consacrée pour le vin.

Une grande propreté est indispensable ; on
doit balayer le dessus et le dessous des chan-
tiers où sont posés les tonneaux, essuyer soigneusement les cercles et les douelles, pour
éviter l'humidité qui pourrait faire pourrir le
bois des futailles et gâter le vin ; il faut observer de disposer les tonneaux dans la partie
de la cave la moins sujette aux ébranlemens
que peut causer dans la rue le passage des
charrettes ou des voitures. Il faut avoir soin
de remplir exactement les tonneaux afin d'en
chasser entièrement l'air atmosphérique, si-

non le vin contracterait au moins un goût d'éventé.

Il est bon de boucher les tonneaux avec un bouchon fraîchement couvert de toile.

Des Tonneaux.

Deux qualités de bois sont employées pour la construction des tonneaux, le chêne blanc et le châtaignier. Le premier est de plus de durée, mais dans les premières années, il communique au vin un goût désagréable par son âpreté; le châtaignier n'a pas ce défaut.

Il est bon de faire cercler les tonneaux en fer, on évite ainsi non-seulement les réparations annuelles qu'exigent les cercles en bois, mais encore la perte accidentelle du vin, qui n'est pas toujours inévitable sans cette précaution. Avant de se servir d'un tonneau neuf, il faut d'abord le laver avec de l'eau froide, l'échauder ensuite avec quelques litres d'eau bouillante, dans laquelle on peut faire fondre une demi-livre de sel, on le fait ensuite écouler, puis on le rince une dernière fois avec quelques litres de vin bien chaud, après on le fait égoutter, on brûle dedans une mèche soufrée, on le bouche soigneusement et on le met dans un endroit sec.

Pour conserver les tonneaux, on doit y laisser le vin qui reste dans le bas depuis le trou de l'husset jusqu'à la plus basse douve, afin d'éviter que le tartre ne se sèche et ne contracte une mauvaise odeur, qu'il communiquerait au vin qu'on y déposerait ensuite. Il est nécessaire, en employant ce moyen, de recoller le tonneau.

Avant de transvaser le vin, il faut faire dans chaque tonneau qui doit le recevoir, une fumigation avec une mèche soufrée, suivant la capacité du tonneau. On brûle cette mèche ou demi-mèche en la mettant allumée par le bondon par où elle sort; ce soufrage, qu'il faut ne pas faire trop fort pour que le vin n'en prenne pas l'odeur et le goût, épure le vin et le conserve.

Si l'on s'aperçoit d'un écoulement provenant d'un relâchement entre les douelles, il faut introduire du papier ou de l'étoupe dans la fente, et couler dessus du suif fondu mélangé avec un peu de craie pulvérisée.

On doit placer les futailles dans les caves de manière à laisser entr'elles un espace convenable, pour laisser circuler l'air, elles doivent être également un peu éloignées du mur, et posées sur des madriers ou des banquettes, qui permettent de passer en dessous du robinet, un baril couché. Les banquettes doivent porter les tonneaux par derrière et par devant, le milieu doit rester vide.

Époque convenable pour faire la provision de vin. — Tirage au clair.

C'est au printemps qu'il convient de faire la provision de vin, afin d'éviter les fortes gelées ou les chaleurs excessives. Le mieux est d'acheter le vin chez les propriétaires pour l'avoir naturel. Le vin de la première année est toujours vert et âpre, il convient d'avoir dans la cave une provision qui permette de boire du vin qui y sera déposé depuis une ou deux années.

La partie que l'on veut consommer dans l'année doit être mise, la moitié en bouteilles et l'autre moitié dans les tonneaux, en ayant soin de les remplir exactement avec le même vin au fur et à mesure de leur évaporation. Le vin qu'on achète doit être toujours soutiré, après quoi il n'exige aucun autre soin jusqu'au moment où on le met en bouteilles. Si cependant on s'apercevait que le vin eût été mal soutiré, on aurait soin de le faire passer dans un autre tonneau bien net à l'aide d'un boyau de cuir ou de fer blanc, sans bouger le tonneau qui le contient afin de ne pas brouiller la lie ; on appelle cette opération tirage au clair.

Mise du vin en bouteilles. — Vin d'entremets et de dessert.

Choisissez des bouteilles de bonne qualité, que vous aurez eu soin de rincer soigneusement afin qu'elles ne contiennent aucun mauvais goût, vous les ferez égoutter en les renversant sur les planches trouées que l'on a dans tous les ménages, et ne les porterez dans la cave pour les mettre en piles, que lorsqu'elles seront entièrement sèches, de cette manière vous éviterez toute humidité dans la cave.

Choisissez un temps sec et beau pour mettre le vin en bouteilles ; couchez ensuite les bouteilles pleines sur du sable en les alternant, c'est-à-dire en mettant le cou de l'une vers le fond de l'autre. Sur ce lit de bouteilles mettez un lit de sable, puis un autre lit de bouteilles ainsi de suite, jusqu'à hauteur d'appui. Bouchez soigneusement les bouteilles, mais laissez un espace entre le liquide et les bouchons, afin d'éviter la casse, si le vin fermentait encore un peu.

Les vins d'entremets et de dessert doivent
être rangés sur des étagères, les bouteilles
debout ; ces vins ne s'altèrent pas quand les
bouteilles ne sont pas pleines ; cependant observez de ne pas les laisser dans un endroit
chaud, parce qu'ils s'aigriraient.

Moyen de rétablir les vins tournés.

Lorsque les vins sont tournés et ont pris
une teinte violette ou presque noire, une
odeur et une saveur désagréables, c'est qu'il
s'est formé de la potasse au dépens du tartre
et de la matière colorante du vin. On ajoute
alors de l'acide tartrique dans ce liquide dé-
composé, l'acide s'emparera de la potasse,
le tartre se déposera au fond du vase, et le
vin reprendra sa saveur et son odeur primi-
tives, pourvu qu'il ne soit tourné que depuis
un an. Une demi-once d'acide tartrique suffit
pour un hectolitre de vin.

Des vins qui ont contracté le goût
d'aigre.

Quand les vins ont contracté le goût d'aigre,
il faut les soutirer dans un tonneau, dans lequel on a brûlé une mèche soufrée, et le
coller en même temps avec seize blancs d'œufs

par pièce de deux cent cinquante bouteilles ;
il faut battre préalablement les blancs d'œufs
avec une bouteille du même vin ; prenez
également quarante noix, vous séparerez l'a-
mande de chacune d'elles en quelques morceaux et faites-les fortement torréfier ; jetez-les
ensuite toutes brûlantes dans le tonneau, dont
vous aurez retiré quelques bouteilles de vin.

Pour le vin blanc, employez pour le même
nombre de litres une quarantaine d'œufs,
agitez fortement avec un bâton la liqueur,
pour le vin blanc comme pour le rouge,
remplissez et bouchez le tonneau avec précaution. Six ou huit heures après soutirez le
vin dans un autre tonneau vide et très-propre
et laissez reposer pendant quelques jours.
Si malgré cette précaution il conservait de
l'acidité, il faudrait recommencer la même
opération. On peut, si l'on veut, mettre en
bouteilles quelques jours après que l'acidité
aura disparu.

De l'amertume des vins.

Quand une pièce de vin aura pris de l'a-
mertume, il faut la transvaser dans un
tonneau qui ait contenu du bon vin, et dans

lequel vous aurez fait brûler un litre de bonne
eau-de-vie. Introduisez, en même temps, dans
le tonneau une forte mêche soufrée et versez-
y aussitôt après le vin que vous voulez faire
revenir.

Pour les vins en bouteilles, ils se remettent
presque toujours d'eux-mêmes. Il suffit, quand
on s'est aperçu de leur amertume, de les goûter de temps en temps, et quand on reconnaît
qu'ils cessent d'être amers, on les transvase
soigneusement afin d'empêcher le dépôt de se
mêler au liquide; car sans cela il contracterait
de nouveau son premier goût d'amertume.
Si on ne voulait pas attendre deux ou trois
ans, laps de temps nécessaire pour opérer
cette amélioration, on pourrait le mélanger
avec des vins plus jeunes.

Des vins qui sentent trop le vieux.

Les vins qui sentent trop le vieux peuvent
aisément se corriger par un mélange de bon
vin nouveau clair, et en les faisant transvaser
quelques jours après, ils deviennent une boisson très-agréable au bout de quelques mois
de repos.

Vin blanc.

Quand le vin blanc a subi un transport, il faut, après l'avoir transvasé dans le tonneau, y verser un quart de litre d'esprit par hectolitre de vin, le laisser reposer ensuite 8 à 10 jours ; quand il sera bien clarifié, on pourra le mettre en bouteilles.

Dans ce cas, quand le tonneau est presque épuisé et que le vin ne coule plus que lentement, on en soulève doucement le fond postérieur, afin de ne pas brouiller la lie déposée au fond.

Manière de donner au vin un goût agréable.

Mettez du vin doux dans un chaudron, faites-le bouillir et évaporer jusqu'à la consistance du miel, ajoutez-y alors un gros de costus, avec une once de clous de girofle et autant d'iris de Florence ; le tout concassé ou coupé par morceaux, mettez-les dans un linge et suspendez-les par le bondon en dedans du tonneau, de manière qu'ils ne touchent pas au vin. Arrêtez avec le bondon la corde qui tient le linge suspendu, et bouchez bien le tonneau. Les gouttes qui tomberont de ce nouet humecté par la vapeur du vin, donneront à cette liqueur un goût très-agréable.

Manière de donner au vin le goût de la framboise.

Prenez un linge neuf écru, bien épais et de lin, dont vous ferez un nouet de la grosseur d'une orange; remplissez-le de framboises et suspendez-le par le bondon au milieu du vin; vingt-quatre heures après votre vin aura contracté le goût de la framboise, et vous ôterez le nouet.

Manière de vieillir le vin de Bordeaux.

Retirez un verre de vin de chaque bouteille, que vous reboucherez bien; mettez-les dans un four de pâtisserie à une chaleur modérée et graduée; au bout de quelques heures le four refroidi, on en retire les bouteilles, on les remplit, et on les descend à la cave; le lendemain ce vin de Bordeaux de deux ou trois ans, en a dix ou douze. On peut tenter sur d'autres vins ce procédé qu'emploient les restaurateurs.

Manière de faire le vin paille et de Tokai.

On prend du raisin blanc parfaitement mûr, on le suspend et on a soin d'en séparer de temps en temps les grains qui se gâtent, on prolonge ainsi sa conservation le plus possible, après quoi on l'exprime, et on fait fermenter le mou, puis on soutire, on clarifie et on met en bouteilles.

Le nom de paille lui vient de ce que l'on étend quelquefois le raisin sur la paille, mais il est plus convenable de le pendre. Le vin prend le bouquet selon la qualité de raisin qui y domine. On fait passer généralement dans le commerce ce vin comme vin de Tokai.

Manière de conserver le vin en perce.

Il suffit de mettre dans les barriques une bouteille d'huile d'olive fine, ce qui empêche l'évaporation des parties alcooliques ainsi que la combinaison de l'air atmosphérique. Ce procédé est le seul employé en Toscane, et il y réussit parfaitement. On peut également conserver de cette façon le vin dans les dames-jeannes.

Manière très-simple de rendre les vins mousseux.

Dans ses *lettres* sur *l'économie domestique*, Mme Briset indique cette recette très-facile pour se procurer un vin blanc mousseux presqu'aussi agréable que celui de Champagne. Ayez le premier vin blanc venu, pourvu qu'il soit bien clarifié et de bonne qualité ; mettez au fond de chaque bouteille une forte pincée de sucre candi, fixez le bouchon avec du fil de fer, et au bout d'un mois ce vin sera parfaitement mousseux.

Mastic pour luter les bouteilles.

Cette opération est indispensable pour les vins que l'on veut laisser vieillir en bouteilles ; prenez une demi-livre de résine, une demi-livre de mastic, un quarteron de cire jaune, faites fondre le tout ensemble et colorez en rouge ou en noir avec de l'ocre ou du noir de fumée; plongez ensuite le haut de la bouteille dans ce mastic en fusion, le bouchon étant parfaitement sec, sans quoi le bitume ne prendrait pas.

Composition anglaise pour cacheter les bouteilles.

Poix blanche
Poix résine } de chacune une livre.
Térébentine
Cire jaune, trois livres.

Faites fondre à une douce chaleur ; cette composition s'emploie pour les vins fins et pour les vins mousseux.

Emploi des vins de table.

Le bon vin rouge ordinaire est généralement adopté.

Les vins de Ste Marguerite, de Séon St. Henry, Ste Marthe, quelques vins des environs de Toulon, et les bons vins de St. Georges offrent un bouquet très-agréable. A ceux-ci, succèdent les vins de Bordeaux et de la Côte du Rhône qui accompagnent le rôti, le Chambertin, le Clo-Vougeot, le Beaune, les vins capiteux du Roussillon, le Grenache, le Juranson, le Côte-Rôtie, l'Hermitage, et le St. Gilles. On fera bien d'arroser les coquillages avec du bon vin blanc de Cassis, du vin de Madère, qu'il est difficile de trouver naturel, mais que l'on imite assez bien.

Parmi les vins blancs de Bordeaux on distingue le Grave, le Médoc et le Santerne. En vin de Bourgogne, le Beaune et le Chably.

Les côtes du Rhône offrent le St-Péray et l'Hermitage. Au dessert on fait ordinairement circuler du Champagne mousseux, mais l'Ay, l'Epernay et la Tisane de Champagne obtiennent la préférence des connaisseurs.

Arrivé aux pâtisseries sucrées et aux crêmes, les vins liquoreux du Languedoc, de la Provence et de l'Espagne, les vins muscats de Lunel, de Frontignan, les vins de Tokai implantés depuis quelques années à Lunel et qui y ont parfaitement réussi ; ou fabriqués d'après la recette que nous donnons plus haut. Ils peuvent être remplacés par les vins de Malaga, de Xérès, d'Alicante ; tous ces vins ne sont pas d'un prix élevé et on peut en avoir de bons dans les prix de 1 fr. 50 c. à 5 fr. la bouteille, suivant la qualité. On trouvera tous ces vins chez les principaux entrepositaires établis à Marseille.

FIN.

NOTES.

Note 1. *page* 5. On aurait de la peine à trouver en Angleterre, une gousse d'ail autre part que chez les pharmaciens. Nos voisins exècrent ce produit, ne s'en servent que comme remède et traitent de chiens ceux qui en mangent. Étonnez-vous après cela que ces gens-là soient moroses, atrabilaires et enclins au suicide.

Il paraît au surplus que les anciens Romains éprouvaient pour l'ail la même aversion que les Anglais, à en juger du moins par les imprécations que lui adressent quelques auteurs, et entr'autres Horace dans plusieurs passages et notamment dans son ode à Canidie.

Les Romains modernes n'ont pas plus hérité de leurs ancêtres, de cette aversion de l'ail, que de l'humeur belliqueuse.

Note 2. *page* 8. Le baudreuil, en provençal *booudroï*, est un poisson cartilagineux, à chair très-ferme mais un peu fade et qui par conséquent doit être relevée par le piquant des assaisonnements. Il est surtout estimé pour son foie qui est ordinairement très volumineux et dont on fait d'excellents pâtés. Quelques cuisinières n'enlèvent pas la peau du baudreuil avant de le faire cuire. C'est une faute qu'il ne faut pas commettre. La peau retarde la cuisson et communique une odeur de musc.

Note 3. *page* 11. La Sauge *Salvia* Dydinamie de Linnée. C'est une plante fortement aromatique, vivace, à fleurs labiées, à feuilles oblongues, d'un vert blanchâtre, persistantes et pressées autour des tiges. La sauge entre dans la composition de l'eau de Cologne. Prise en infusion elle peut remplacer le thé et a des propriétés digestives et apéritives. Il est plusieurs espèces de sauges; *salvia pratensis*, *salvia officinalis*, etc. Malgré l'adjectif donné à cette dernière espèce, toutes les autres possèdent à peu près au même degré, le même arôme, les mêmes vertus et les mêmes qualités. La sauge, cultivée avec soin dans les climats du Nord, ne demande chez nous aucune attention et croît presque spontanément. Son usage comme assaisonnement, est, ainsi qu'on l'a vu, fort restreint et on ne doit l'employer que par très-faibles parcelles.

Note 4. *page* 23. Le calmar, en provençal la *taouteno*, qui par la forme ressemble à la sèche dont nous parlerons bientôt, mais qui en diffère par une chair plus délicate qui, cependant ne peut se passer d'assaisonnements assez piquants. Le nom de calmar lui vient de l'Italien *Calamajo* (écritoire), à cause de la vessie que ce poisson, ainsi que la sèche, porte dans son estomac, vessie pleine d'une liqueur noire que l'animal en fuyant dégorge autour de lui pour dévier ses ennemis.

Note 5. *page* 29. La chevrette est appelée dans quelques cantons de la Provence *carambot* et dans d'autres *cambaro*. Mais l'un et l'autre viennent bien évidemment de l'italien *gambero*, écrevisse, et la chevrette est en effet une véritable écrevisse, et le plus petit de tous les crustacés qui vivent soit dans la mer soit dans les rivières. Sa chair est fort délicate, et dans nos contrées ne se mange guère qu'en friture. Elle appartient également à l'Océan et à la Méditerranée. Les pêcheurs s'en servent comme appât.

Parmi les crustacés que l'on sert sur nos tables,

nous avons la langouste et le homar, en provençal *limgo baou*. La première est plus petite et d'une chair plus fine et plus délicate, mais celle de l'une et de l'autre sont également pesantes et indigestes. Le homar atteint quelquefois des proportions énormes. Il appartient plus particulièrement à l'Océan, comme la langouste à la Méditerrannée ; mais l'un et l'autre se pêchent dans les deux mers, et des espèces analogues se trouvent sur toutes les côtes.

Note 6. *page* 30. Le polype (*poupre*) vaut beaucoup moins que le calmar et la sèche. Sa chair est dure, coriace, et les très gros ne sont mangeables qu'après avoir été gardés pendant plusieurs jours et battus quelque temps. On prend les poupres entre les rochers du fond des rivages, où ils se tiennent de préférence. Ce n'est quelquefois qu'avec peine qu'on les arrache du fond où ils se cramponnent avec leurs pattes.

On peut aussi les prendre en promenant dans l'eau un chiffon blanc fixé au bout d'un long bâton. Le polype s'y attache et se laisse amener avec.

Note 7. *page* 32. La sèche (*la supie*) est faite comme le calmar, et outre sa poche à liqueur noire, elle a, dans le corps une espèce d'épine légère, poreuse, longue de quatre à cinq pouces, large de un ou deux, de la forme d'un petit batelet, et connue dans les arts sous le nom d'os de sèche.

C'est avec la liqueur contenue dans l'estomac de l'une des espèces de ce genre, que l'on compose l'encre de chine, qui doit à ce principe son odeur du musc.

Avec celle d'une autre espèce, on fait la couleur appelée *sepia*, dont on se sert avantageusement pour les dessins au lavis. Le nom de sepia n'est pas autre que le nom latin de la sèche.

Note 8. *page* 67. On trouve fréquemment sous les

oliviers, à la fin de la récolte, des olives desséchées et auxquelles l'évaporation a fait perdre naturellement le principe âcre que l'opération que nous avons décrite est destinée à leur enlever. Elles sont plus savoureuses que celles qui sont préparées artificiellement et peuvent être mangées assaisonnées simplement avec un peu d'huile, de sel et de poivre. On peut également les garder pendant assez longtemps, et alors on ajoutera une feuille de laurier à l'assaisonnement.

Note 9, *page* 72. Le câprier (en provençal *tapenier*), est un arbuste épineux, à feuilles rondes, légèrement épaisses et caduques, qui ne s'élève guère qu'à deux pieds du sol, et croit de préférence dans les terrains pierreux et secs. Mais il craint le froid, et demande une exposition au midi. Son nom français à ce que disent les naturalistes, lui vient de l'île de Caprée où il croît en abondance et spontanément. Il croît à peu-près de même en Provence où en profitant de ses produits on n'en prend pour ainsi dire aucun soin. Ses fleurs à cinq pétales blanches, au centre desquelles se trouvent le pistil et de nombreuses étamines terminées par une anthère d'un rouge violet, sont d'un effet agréable, mais inodores.

La câpre, en provençal *tapène*, d'un si fréquent usage dans nos cuisines, et si souvent mentionnée dans cet opuscule, n'est pas comme quelques personnes pourraient le croire, le fruit de l'arbuste, mais seulement le calice ou l'enveloppe de la fleur, avant que celle-ci soit épanouie et que le bouton commence à s'ouvrir. On en fait donc la récolte avant la floraison et au commencement de l'automne.

Le fruit long d'un demi pouce à peu-près est de la forme d'un concombre à sa naissance. On peut le préparer comme la câpre et l'employer aux mêmes usages, mais on le fait rarement, sans doute parce que la récolte de la câpre est plus abondante et plus assurée que celle du fruit qui est souvent détruit par les insectes.

Note 10 page 474. Le becfigue est un peu plus petit et d'une forme plus svelte qu'un moineau. Son plumage est gris, avec la poitrine et le ventre teints de brun. Il a le bec mince et effilé comme tous les oiseaux frugivores et insectivores. C'est aux premiers jours d'automne et quand les figues et les raisins commencent à mûrir qu'on le voit arriver dans nos contrées. Dans la matinée on le voit sur les figuiers et sur les buissons de ronce dont il aime les fruits; pendant la chaleur du jour, il se cache dans les oliviers les plus touffus où on l'approche de très-près et où on le tue sans peine avec une charge d'une pincée de poudre et de quelques grains de plomb. Mais on a de la peine à le distinguer au milieu des feuilles avec lesquelles sa petitesse se perd et son plumage se confond.

Le becfigue ne fait chez nous qu'une courte apparition, et comme il n'est arrivé qu'avec la maturité des fruits, il repart aussitôt que les matinées sont fraîches, quand la récolte commence à se faire, et va visiter des climats plus chauds.

Nos cuisinières, comme nous l'avons dit, confondent avec le becfigue, des oiseaux qui en diffèrent essentiellement, mais qui ne sont ni sans intérêt pour le naturaliste, ni sans mérite sous le rapport gastronomique. De ce nombre sont :

L'ortolan, fameux dans les fastes de la cuisine et de la gourmandise, et qui n'est chez nous que de passage.

La fauvette à tête noire et la fauvette à tête grise est un peu plus grosse que le becfigue et elles en sont une variété. Elles passent l'hiver dans nos campagnes et sont un mets très-délicat

Le rouge-gorge, dont la saveur et la délicatesse approchent presque de celles du becfigue.

Le cul-rousset.

Le cul-blanc

Les mésanges.

Les bédouides et une foule d'autres.

Tous ces oiseaux, frugivores et insectivores ont par conséquent le bec effilé et sont recherchés des gourmets. Il est à remarquer que l'ortolan et le bruant, granivores l'un et l'autre et à bec dur, sont les seuls de cet ordre dont la chair soit un mets exquis. Tous les autres, tels que le pinson, le gros-bec, le bec-croisé, etc., sont amers, coriaces et ne peuvent guère se manger qu'en salmi, au moyen d'une sauce et d'assaisonnements qui les relèvent.

FIN DES NOTES.

Seconde Partie. — Cuisine Bourgeoise.

OFFICE.

Du choix et de la conservation des Vins de Table.

FIN DE LA TABLE.